AF271766

Prehistoria de Chile

Derechos de edición reservados para todos los países por
© EDITORIAL UNIVERSITARIA S.A.
Avda. Bernardo O'Higgins 1050, Santiago de Chile.

ISBN Impreso: 978-956-11-1899-7
ISBN Digital: 978-956-11-2886-6

Texto compuesto en tipografía *Bembo 11/14*

Se terminó de imprimir esta
DECIMOSÉPTIMA EDICIÓN
en los talleres de Editora e Imprenta Maval Ltda.,
Rivas 530, San Joaquín, Santiago de Chile,
en diciembre de 2011.

DISEÑO DE PORTADA Y DIAGRAMACIÓN
Yenny Isla Rodríguez

DECLARADO MATERIAL DIDÁCTICO
COMPLEMENTARIO DE LA EDUCACIÓN CHILENA POR
EL MINISTERIO DE EDUCACIÓN.

www.universitaria.cl

IMPRESO EN CHILE / PRINTED IN CHILE

Grete Mostny

Prehistoria de Chile

EDITORIAL UNIVERSITARIA

ÍNDICE

PRÓLOGO A LA PRIMERA EDICIÓN

En el prólogo un autor se confiesa y pide la comprensión y la clemencia de los lectores frente a todas las insuficiencias y fallas que pueda tener su obra y que siempre las tiene.

Cuando la Editorial Universitaria me pidió la tercera edición de un librito anterior, las *Culturas precolombinas de Chile*, acepté gustosamente, a condición que se me permitiera poner al día el texto porque, en los años que han pasado desde que se publicó por primera vez, los conceptos básicos de la prehistoria chilena han sido revisados y ha surgido un cuadro completamente nuevo. Al terminar el manuscrito, de las ediciones anteriores sólo había quedado el título y, al entregarlo, hasta éste decidimos cambiarlo.

No obstante, el nuevo libro persigue la misma finalidad que el anterior: dirigirse al lector interesado en prehistoria, aunque no tenga conocimientos previos, y presentarle un cuadro del desarrollo cultural de los pueblos que han vivido desde hace 12.000 años en Chile. He tratado de evitar términos técnicos o los he explicado cuando su uso era imprescindible, y he añadido una amplia bibliografía. Si la imagen resultante de la prehistoria chilena no es siempre clara, confieso que tampoco lo es para nosotros, los arqueólogos. Queda mucho por hacer todavía .

Lo que deseo es que este libro sea un primer paso para los que quieren iniciarse en el apasionante estudio de la prehistoria y que quizás el tema inspire a alguien, con mayor don de expresión que el mío, a escribir una historia viva de estos pueblos muertos.

GRETE MOSTNY
Santiago, mayo de 1971

PRÓLOGO A LA QUINTA EDICIÓN

La investigación científica es una continua búsqueda de la verdad, ya que la última palabra y lo que hoy nos parece indiscutible mañana puede ser desechado como un error. Esto ocurre con cierta frecuencia en el campo de la prehistoria, sobre todo de la prehistoria chilena, que es una rama todavía muy joven.

Aunque paso a paso emergen de la sombra los contornos de lo que era la vida del hombre en Chile durante los milenios pasados, de repente se presentan sorpresas que nos obligan a reajustar el cuadro o a cambiar conceptos.

Los trabajos de los últimos años han confirmado la gran antigüedad de la ocupación de las costas por poblaciones pesqueras; han acercado –aunque no sea más que unos 1.000 km– el área de la cultura de Huentelauquén a la de California, donde existen los mismos fenómenos de piedras polígonas. Se vacila todavía en aceptar la gran antigüedad del maíz, cuyos restos encontrados en la Pampa del Tamarugal indican una existencia de 7.850 ± 280 años, lo que nos obligaría a revisar no solamente la prehistoria chilena, sino también la de Perú y Bolivia y quizás la de toda América precolombina.

Se han hecho últimamente grandes progresos en la exploración de la prehistoria de Chile central, que hasta hace poco ha sido un área poco investigada. Sabemos ahora que el complejo cultural Aconcagua era anterior al horizonte incaico en Chile, aunque seguía coexistiendo con él, y queda poca duda acerca del avance de culturas agroalfareras tempranas desde los valles transversales hacia el sur, en los primeros siglos de nuestra era, donde hasta entonces habían vivido sólo pueblos pescadores y cazadores.

El grupo de arqueólogos que trabaja ahora es mayor que el de pocos años atrás. Por esta razón nuestros conocimientos aumentan con mayor rapidez, el intercambio de ideas fertiliza la investigación y poco a poco se hace luz en las tinieblas del pasado.

Agradezco especialmente la colaboración de mis colegas Eliana Durán y Rubén Stehberg por la revisión de la cuarta edición de la *Prehistoria de Chile* y también por la compilación de datos nuevos para la quinta.

GRETE MOSTNY

I

Periodo preagroalfarero

En la cronología prehistórica *antes del presente* se designa
A.P. El *presente* empieza en 1950 d.C., que es el año a partir
del cual se cuenta hacia atrás el tiempo transcurrido desde la
muerte de un organismo –planta, animal u hombre– según
el método de fechar llamado *Carbono 14* inventado en 1949
por el Dr. Willard Libby[1]. Permite conocer la edad absoluta
de objetos arqueológicos en base de una cantidad siempre
constante de átomos de carbono radiactivo (C-14) en la atmósfera terrestre, los que son absorbidos junto con el aire por
las plantas y que pasan a animales y hombres cuando consu-
men alimento vegetal.

El C-14, al igual que todas las materias radiactivas, se encuentra en un continuo proceso de desintegración, que no
influye en la cantidad existente en un ser mientras vive pues
se completa siempre de nuevo desde la atmósfera, pero al
morir un organismo la renovación se detiene y empieza la
desintegración. Es sabido que la cantidad de C-14 se reduce
a la mitad en 5568 ± 30 años, periodo que se llama *vida
media* del elemento. Después de otro periodo igual, vuelve a
reducirse a la mitad y así sucesivamente. Al medirse la cantidad restante se puede constatar con bastante exactitud cuánto
tiempo ha transcurrido desde la muerte de la planta, animal

---

[1] El Dr. Libby dio a conocer este método en 1949, y en 1960 recibió el
Premio Nobel "por su método de aplicar el Carbono 14 para determinar
la edad en arqueología, geología, geofísica y otros ramos científicos" (citado
por A. Gordon, 1967).

u hombre[2]. Según el estado actual de los conocimientos, se pueden determinar, mediante este método, edades hasta de 60.000 a 70.000 años atrás. Las cifras que siguen al signo ± indican un posible margen de error, que casi siempre es inferior al 5% de la edad total.

12.000 años A.P. el continente americano presentaba un aspecto muy diferente al actual. Era el fin de la cuarta y última glaciación –la de Wisconsin– con la cual terminaba el periodo pleistocénico, Cuaternario o Edad del Hielo. Grandes extensiones de América del Norte y del Sur estaban cubiertas por ventisqueros, América Central gozaba de clima templado y los animales que poblaban el continente eran diferentes a los actuales: vivían mastodontes, elefantes, mamuts, perezosos, armadillos gigantes (megaterios, gliptodontes, milodontes), caballos, el paleollama, el camelops de la familia de los camélidos, y otros más, adaptados al clima frío reinante.

Hace unos 11.000 años la glaciación Wisconsin llegó a su fin y desde hace unos 10.000 años las grandes masas de hielo empezaron a disminuir, proceso que continúa en el presente. Las temperaturas empezaron a subir y entre 5000 y 2500 a. C. se produjo un periodo de clima cálido llamado "óptimo climático" o "altitermal", para bajar en seguida y subir de nuevo hasta producirse el clima actual. En este periodo se extinguieron los grandes animales del Pleistoceno que no eran capaces de adaptarse o emigraron al Viejo Mundo, como lo habían hecho el caballo y el camello.

[2] Aunque parece muy sencillo, el procedimiento necesita instalaciones de laboratorio sumamente complicadas, que todavía son muy escasas y de alto costo. Por esta razón se dispone relativamente sólo de pocas fechas obtenidas mediante el C-14.

El hombre era testigo de todos estos cambios. Los sintió en su propio cuerpo y se vio obligado a adaptarse a las nuevas condiciones reinantes, a cazar animales diferentes, con armas diferentes y a suplementar su alimentación con los frutos silvestres que recolectaba.

Durante la glaciación de Wisconsin (que corresponde aproximadamente a la de Würm en Europa) cerca del 27% de la superficie de la Tierra estaba cubierto de hielo. Los niveles de los mares se encontraban 70 a 100 metros más bajos que en la actualidad debido a la congelación de enormes masas de agua y, en consecuencia, los continentes eran más extensos con conexiones terrestres en regiones ocupadas ahora por los océanos. Uno de estos "puentes" terrestres se encontraba donde ahora se extiende el Estrecho de Bering, entre Siberia en el norte de Asia, y Alaska en el norte de América. No obstante su situación septentrional, estaba libre de hielos, como asimismo un corredor a lo largo de los contrafuertes de las Montañas Rocallosas. La última vez que apareció el puente terrestre de Bering −con un ancho comparable al de la Europa actual− fue entre los años 21.000 y 11.000 a.C.

Fueron pequeños grupos de hombres los que penetraron a América desde el norte de Asia. Pertenecían todos al género de *Homo Sapiens* u hombre moderno y eran de aspecto mongoloide, aunque mucho menos pronunciado que los indios actuales, debido a la presencia de un elemento protocaucasoide: el amuriano junto al anterior. Estos primeros inmigrantes asiáticos sabían producir el fuego, trabajar la piedra, protegerse del frío en abrigos rocosos y vestirse con pieles; estaban probablemente organizados en pequeñas bandas uni-

[3] G. Willey: *An Introduction to American Archaeology*, vol. I, New Jersey, 1966.

das por lazos familiares y tenían ciertas creencias en poderes y seres sobrenaturales. No se puede decir de ellos[3] mucho más. Llegaron en olas sucesivas a través de los milenios siendo los últimos grupos los Esquimales y los indios Atapascanos del norte de América del Norte. Aun hoy pequeños grupos se movilizan a través del Estrecho de Bering en ambas direcciones, salvando los 90 km que separan Asia de América en embarcaciones o atravesándolas a pie sobre los hielos invernales.

Es difícil decir cuándo llegaron los primeros pobladores. Los hallazgos más antiguos fechados por el reloj atómico del C-14 y para los cuales no existe ninguna duda en cuanto a su autenticidad y contexto, datan de 12.000 a 11.000 años y pertenecen a la tradición cultural de los cazadores de grandes presas. Se distinguen por puntas de proyectiles primorosamente trabajadas, que se caracterizan por una acanaladura a lo largo de su eje (puntas de Clovis y Folsom en Estados Unidos). Ellas son un invento típicamente americano, para el cual no existe ningún prototipo en el Viejo Mundo. Se trata de armas altamente especializadas para la caza de los grandes animales del Pleistoceno y se supone que hayan necesitado varios miles de años para desarrollarse, partiendo de las industrias básicas eurasiáticas.

Aparte de esta tradición y de la *Antigua Cordillerana*, que forman el periodo *paleoindio* o *paleoamericano* y de las cuales se han desarrollado otras, existen en toda América sitios con instrumental de piedra, de formas y técnicas

---

[4] Estos términos han sido aplicados por primera vez por H. Movius para referirse a utensilios de piedra, fabricados de guijarros o núcleos, a los cuales se ha dado un filo mediante algunos golpes en el extremo de una cara (*chopper*) o de ambas (*chopping-tool*). No existe traducción adecuada de estos términos, aunque se trata a veces de reemplazarlos por "partidor" o "tajador". Cuchillos bifaciales son lascas cortantes, retocadas en ambas caras.

sumamente rudimentarias, tales como *chopper* y *chopping-tool*[4] y donde faltan en general puntas de proyectiles y cuchillos bifaciales. Por esta razón el prehistoriador norteamericano A. Krieger ha propuesto para estos conjuntos el término "horizonte anterior a las puntas de proyectiles"[5]. La antigüedad de este supuesto horizonte es mayor que la de la Tradición de Cazadores de Grandes Presas remontándose quizás a unos 40.000 años. Aunque estos yacimientos existen a través de toda América del Norte y del Sur, hasta ahora no han sido encontrados en posición estratigráfica, que permita determinar su antigüedad en relación con otras industrias; todos ellos consisten de artefactos diseminados sobre la superficie del terreno[6].

El camino de inmigración a través del puente terrestre de Bering ha sido sin duda alguna el más antiguo, importante y decisivo para el subsiguiente desarrollo cultural del Nuevo Mundo, aunque es posible que, en tiempos más recientes, las corrientes marinas del Pacífico del Norte hayan jugado un papel en la transmisión de rasgos culturales de Asia a América. Otra vía pueden haberla constituido las corrientes del Pacífico Central, pues existe cierto número de rasgos culturales iguales en ambos lados del océano, entre ellos, el algodón domesticado, las batatas, las calabazas, la costumbre de masticar narcóticos con cal, la metalurgia, la cerámica, etc. Aunque es más que probable la existencia "de contactos desde tiempos

---

[5] A. Krieger; "Early Man in the New World", en: *Prehistoric Man in the New World*, Chicago, 1964.

[6] Para las fechas de 38.000 años del sitio de Lewisville, de 30.000 de Santa Rosa (California), de 28.000 de Tule Springs (Estados Unidos) y otros, existen dudas acerca de su autenticidad. En cambio hay algunas fechas radiocarbónicas para México y Perú, que hablan a favor de una ocupación humana de 20-25.000 años (C. VANCE HAYNES: "The Earliest Americans", *Science*, vol. 166, 1969).

prehistóricos, no ha sido posible establecer con absoluta certeza la dirección de la difusión –si han llegado desde Asia a América o viceversa– de algunos de los rasgos más importantes, tales como algodón, batata, calabaza, ni se puede descartar por completo la posibilidad de inventos independientes para otros, como la metalurgia, por ejemplo.

Un tercer camino de inmigración sugerido por algunos investigadores habría traído grupos de inmigrantes desde Australia, atravesando o bordeando el continente antártico para llegar al extremo meridional de América del Sur. Existen varias dificultades para explicar esta travesía que supone largos viajes por mar abierto y las pruebas aducidas en favor de esta teoría son débiles.

Aunque, según el estado actual de nuestros conocimientos, los inmigrantes americanos más antiguos parecen haber sido cazadores, que relativamente temprano –o sea al final de la última glaciación, unos 10.000 años atrás– tuvieron que suplementar su economía con la recolección de elementos vegetales, como raíces, semillas y frutos silvestres, debido a la desaparición de los grandes animales de caza y a las condiciones climáticas cambiadas. Otros grupos se instalaron más o menos al mismo tiempo en las costas, dedicándose a la explotación de los recursos marinos que abundaban allí; grandes acumulaciones de conchas atestiguan su temprana presencia.

Resumiendo, se puede decir que los primeros americanos vinieron de Asia entre 20.000 o 40.000 años atrás, si se acepta el "horizonte anterior a las puntas de proyectiles". Su estado cultural correspondía al de nómades cazadores de fauna pleistocénica, actividad a la cual tuvieron que añadir más tarde la recolección y la pesca. Éste ha sido el primer gran periodo cultural americano, que suele llamarse PERIODO PREAGROALFARERO, y sus vestigios se encuentran a través de toda América.

Aunque el hombre había venido con conocimientos técnicos de Eurasia, desarrolló rápidamente en América nuevas técnicas y formas que no tienen paralelo en el Viejo Mundo.

Hace alrededor de 7.000 años surgieron en Mesoamérica los principios de una gran revolución cultural con el incipiente cultivo y domesticación de plantas alimenticias. Con esto se echaron las bases para el segundo gran periodo cultural, el PERIODO AGROALFARERO, que llegó a su punto culminante en las altas culturas de América Nuclear[7].

1.2. Chile, 12.000 a.p.

Hace 11.380 años[8] un pequeño grupo de hombres estaba sentado alrededor de una fogata a orillas de la laguna de Tagua Tagua. La jornada había sido propicia, pues habían logrado cercar y matar en la ribera fangosa del lago a un mastodonte joven. Lo habían descuerado con sus cuchillos de piedra y ahora lo asaban, ensartando grandes trozos de carne en palos. El fuego les daba calor en estos días fríos de las postrimerías del último periodo glacial, y un mastodonte no era presa que se cazaba todos los días.

Esta escena se puede reconstituir con los hallazgos hechos en las excavaciones cerca de San Vicente de Tagua Tagua, en el

---

[7] El término *América Nuclear* se acuñó para designar el área de las altas culturas americanas. Abarca Mesoamérica (entre los ríos del Fuerte y Soto de la Marina en el norte de México, hasta América Central, incluyendo las partes occidentales de Honduras, Nicaragua y Costa Rica), la Zona Intermedia (colindante con la anterior y extendiéndose hasta los 3°S en Ecuador) y la Región Andina (desde los 3°S. hasta Chile Central o sea el área cubierta por el Imperio Incaico).

[8] J. Montane: "Paleo-Indian Remains from Laguna de Tagua-Tagua, Chile Central", *Science*, N° 161, pp. 1.137-1.138, 1968.

borde de la antigua laguna que fuera desecada, mediante un canal de drenaje, a mediados del siglo pasado[9]. A más de 2 metros debajo de la superficie actual del terreno se encontraron, en la parte superior de una capa de sedimentos depositados al final del Pleistoceno, huesos de mastodonte y de caballo americano junto con herramientas de piedra; uno de los huesos de caballo lleva las claras marcas dejadas por un cuchillo durante el proceso de faenación. No solamente se han encontrado en el sitio los cuchillos, sino también las esquirlas de piedra desprendidas durante la manufacturación de ellos y de los raspadores que servían para limpiar los cueros de restos de carne y grasa.

Otro sitio que presenta características culturales semejantes y al cual se asigna una edad tentativa de 11.000 a 15.000 años es el de Quereo, 3 km al sur de Los Vilos; también había sido ocupado por el hombre paleoindio, cazando y faenando animales del Pleistoceno, ahora extinguidos[10].

Una fecha radiocarbónica cercana a la anterior da testimonio de la presencia del hombre en el extremo sur de Chile (Fig. 1) en el noveno milenio a.C, donde convivió y cazó animales ahora extinguidos.

El sur de la Patagonia presentaba entonces un cuadro muy diferente al actual. Los mares de Skyring y Otway eran lagos glaciales, formados por el deshielo de las enormes masas de ventisqueros, sin comunicación con el Pacífico. La Isla Riesco era una península y es posible que también la Isla Grande de Tierra del Fuego estuviera todavía vinculada con el continente por puentes terrestres.

[9] R. CASAMIQUELA, J. MONTANE, R. SANTANA, *Convivencia del hombre con el mastodonte en Chile Central,* Noticiario Mensual del Museo Nacional de Historia Natural, año XI, N° 132, Santiago, 1967.

[10] J. MONTANE y R. BAHAMONDES: *Un nuevo sitio paleoindio en la provincia de Coquimbo, Chile.* Publicaciones del Museo Arqueológico de La Serena, bol. 15, La Serena, 1973.

Fig. 1. Croquis del extremo sur de Chile con sitios arqueológicos principales (adaptado de A. LAMING-EMPERAIRE: "Missions archéologiques françaises au Chili austral et au Brésil meridional", París, 1968).

Estos parajes fueron habitados por grupos de cazadores, que vivían de la caza de los grandes herbívoros, tales como el milodón (una especie de perezoso gigante), el caballo americano y, posiblemente, guanacos y huemules. Se sabe muy poco de estos hombres, salvo que eran ya eximios trabajadores de la piedra, que sabían sacar grandes y delgadas lascas de núcleos de basalto, con las cuales fabricaban raspadores y puntas de proyectiles —para dardos probablemente— retocadas en ambas caras y algunas de ellas con una acanaladura a lo largo de su centro, que recuerdan las técnicas usadas en América del Norte por los cazadores de grandes presas. Es característica, para este periodo, una punta llamada por su forma "cola de pescado" (Fig. 2). Junto con ellas se han encontrado gruesos discos fabricados de trozos de lava, de aproximadamente 12 cm de diámetro, cuyo uso nos es desconocido. Su manera de sepultar era por incineración de los cadáveres, costumbre cuyo testimonio se encontró en una cueva en el cerro Sota, vecina a la cueva de Fell, en cuya capa de fondo se han encontrado los restos culturales de los primeros habitantes de la región. Estas cuevas se encuentran en la estancia Brazo Norte, en la provincia de Magallanes, a orillas del río Chico u Oosin Aike, en el idioma de los onas[11]. El radiocarbono indica para ellos 8.760 ± 300 años a.C.; eran contemporáneos de los cazadores de Grandes Presas de las planicies norteamericanas.

Alrededor de 7.000 a.C. se produjo un gran cataclismo en la punta sur del continente: hubo violentas erupciones volcánicas que cubrieron el suelo con gruesas capas de cenizas, destruyendo fauna y flora. Una víctima de estas catástrofes parece haber sido un milodón, que se había refugiado en la Cueva del Milodón en Última Esperanza. Sus restos fueron encontrados debajo de las cenizas, circunstancia que permitió que se conservaran hasta trozos de su cuero con pelo. Esta cueva había sido, desde muy antiguo, guarida de esos animales y los excrementos encontrados en el fondo datan del noveno milenio antes de nuestra era[12].

[11] J. BIRD: "The Archaeology of Patagonia", *Handbook of South American Indians*, vol. I, Washington, 1946.

[12] La Cueva del Milodón o Cueva de Eberhardt, famosa por un gran trozo de cuero de este edentado encontrado en 1895 por H. Eberhardt, ha rendido también material arqueológico; pero la opinión de los investigadores está dividida en cuanto a la contemporaneidad de este material con los milodontes. Debido a extensas excavaciones realizadas por aficionados en la cueva desde su descubrimiento, los depósitos han sido totalmente removidos y destruidos. Los restos arqueológicos podrían haber pertenecido también a cazadores posteriores a quienes la cueva sirvió de abrigo temporal.

Fig. 2. Punta de "Cola de pescado" de la primera capa ocupacional de la Cueva de Fell. Magallanes.

Pasó mucho tiempo hasta que aparecieron de nuevo en las regiones devastadas una flora y fauna adaptadas a condiciones climáticas diferentes. Hubo abundancia de guanacos y huemules –que anteriormente habían sido escasos–, zorros y los demás animales que todavía pueblan la Patagonia. Con ellos volvió también el hombre, que ocupó nuevamente los antiguos sitios.

Encima de la capa de cenizas y piedras caídas del techo de la cueva de Fell se encontró otra capa que no contenía ya huesos de las grandes presas pleistocénicas, sino sólo los de guanacos, huemules, zorros y aves. Con la fauna anterior habían desaparecido también las puntas "cola de pescado", que aparentemente habían sido armas especializadas para este tipo de caza (tal como las puntas Clovis y Folsom en Norteamérica desaparecieron junto con el tipo de animales para el cual habían sido fabricadas) y en su lugar había puntas de hueso de diferentes formas y tamaños; de hueso eran también unas leznas que aparecieron en este nivel. De piedra se fabricaban sólo utensilios burdos, que quizás fueron usados para trabajar la madera de los bosques que entonces cubrían la región.

En la cueva de Palli Aike, a 35 km de la de Fell, se encontró igualmente una capa de cenizas y encima de ella el mismo tipo de instrumental de hueso, que data de 6.689 ± 450 a.C. Esta cueva fue ocupada en forma permanente sólo después del cataclismo; antes parece haber sido usada ocasionalmente y, al sobrevenir la catástrofe telúrica, algunos milodontes se refugiaron en ella, encontrando la muerte bajo las cenizas calientes.

En el periodo siguiente se pueden notar nuevas influencias culturales en el extremo sur. Los cazadores fabricaban, otra vez, puntas de proyectiles de piedra, ahora en forma foliácea –asemejándose a hojas de sauce o laurel– cuidadosamente trabajadas por ambos lados. Éstas se encontraron en la tercera capa ocupacional de la cueva de Fell, junto con otras de tipo triangular, de base recta o convexa, asociadas a pequeñas bolas, que probablemente servían para la caza de pájaros, y a raspadores de reducido tamaño, que se usaban embutidos en un mango de madera. Las mismas formas de puntas estaban presentes en la correspondiente cueva de Palli Aike (cuyo desarrollo cultural es idéntico al de Fell, con excepción de la ausencia de la primera capa). Se encontraron igualmente en un yacimiento en la isla de Englefield, en el mar de Otway, fabricadas de obsidiana en lugar de basalto, y han sido descubiertas en Marassi, en la Bahía Inútil de Tierra del Fuego[13]. Todas estas puntas parecen estar emparentadas con las encontradas en Ayampitín (prov. de San Luis, Argentina) que datan de 6.000 a.C. En Englefield están asociadas con arpones de una barba y doble talón tallados en hueso de ballena y decorados con líneas incisas, que tienen semejanza con los que se han encontrado en la costa del Pacífico del norte de Chile y que, sin duda alguna, fueron dejados por grupos de pescadores. Se supone que la gente que dejó las puntas de proyectiles en los yacimientos de Englefield fueron cazadores venidos en busca de obsidiana de los ricos yacimientos en el

[13] A. LAMING-EMPERAIRE: "Missions archéologiques françaises au Chili austral et au Brésil meridional", *Journal de la Société des Américanistes*, vol. 57, París, 1968.

cercano fiordo de Silva Palma, y que tomaron contacto con los pescadores para que en sus embarcaciones los llevasen a estos parajes, difíciles o imposibles de alcanzar a pie. Sólo dos fechas radiocarbónicas que se poseen para Englefield son de valor relativo: una de 7.286 a.C. y la otra de 6.492 a.C. están demasiado alejadas entre sí para precisar el periodo de ocupación de este sitio. Para la tercera capa de la cueva de Fell tampoco existe fecha, aunque se puede deducir por la fecha de Palli Aike, que tiene que haber sido posterior a 6.689 a.C.; para Marassi sólo se puede decir que estas puntas han sido fabricadas con anterioridad a 3.620 a.C., fecha que se refiere a la capa superior a la de las puntas y que contiene bolas de piedra pulidas, las más antiguas que se han encontrado hasta ahora en la Patagonia. Juzgando por sepulturas descubiertas en la cueva de Fell, en este periodo ya no se practicaba la cremación, sino que se enterraban los cadáveres en posición flectada y cubiertos con polvos de arcilla de color ocre.

Volviendo al parecido de las puntas con las halladas en Ayampitín, las encontramos no solamente en el extremo sur sino también en yacimientos preagroalfareros en el resto de Chile.

En la cueva de Fell, que sirve de "Leitfossil" para el desarrollo cultural de los antiguos cazadores de la Patagonia, por estar representada, en ella, a través de dos milenios, la vida del hombre seguía una cuarta capa ocupacional, en la cual se nota nuevamente un cambio cultural, especialmente a través de las puntas de proyectiles. Éstas, que ya podrían haber sido usadas para flechas —y no para dardos o lanzas como las anteriores–, tienen un cuerpo triangular, aletas

Ídem: "Cadre chronologique provisoire de la préhistoire de la Patagonie et de Terre de Feu chiliennes", *Boletín del Museo Nacional de Historia Natural*, t. 30, Santiago, 1969.

y un ancho pedúnculo de base escotada (base bífida). Se encontraron en contexto con cuchillos, leznas, cuentas de hueso y bolas grandes. Del periodo anterior seguían los pequeños raspadores enmangados. Las sepulturas en este periodo se efectuaban tendiendo el cadáver sobre el suelo y cubriéndolo con un montículo de piedras (cairn).

La quinta y última capa ocupacional en la cueva de Fell corresponde ya a restos dejados por los onas históricos: pequeñas puntas de flechas con aletas y pedúnculos, adornos e instrumentos de hueso, peines, etc., como los usados por los onas cuando se produjeron los contactos con los blancos. En la zona intermedia entre la pampa patagónica y las costas del Pacífico también se han encontrado antiquísimos vestigios de ocupación humana. La isla Riesco, que todavía no era isla, fue habitada por cazadores, que primero se instalaron al borde del lago glacial, que hoy es el mar de Skyring, en el sitio de Ponsonby[14], detrás de unas turberas dejadas por las aguas del Lago, cuando su nivel había sido más alto, y sobre una terraza angosta, que hoy se encuentra a 10m sobre el nivel del mar. Parece que se trataba de campamentos esporádicos, pues se ha encontrado muy poco material arqueológico en estos sitios. Se supone que vivían allí alrededor de 4.420 a.C., en un periodo de clima más caluroso que el actual (el altitermal). Más tarde, a fines del altitermal, las aguas del lago Skyring por un lado y las del lago Otway por el otro se comunicaron con el océano, transformándose en mares interiores o senos. Al mismo tiempo se forma una nueva terraza marina, a 4 m sobre el nivel actual del mar, que fue ocupada por nueva gente, –cazadores de guanacos–, que han dejado númerosas puntas

[14] Durante las excavaciones en Ponsonby, José Emperaire perdió la vida al derrumbarse el conchal en el cual trabajaba, el 11 de noviembre de 1958.

de proyectiles, entre ellas un tipo de bordes dentados, que hasta ahora no se han encontrado en otro sitio. Esto se produjo alrededor de 1.740 a.C., cuando el clima se había vuelto nuevamente frío, más frío que el actual. Finalmente también estos cazadores se fueron y la terraza quedó abandonada.

Las aguas de los senos bajaron y otros grupos de hombres llegaron a estos parajes. Eran pescadores y mariscadores, que esta vez no vinieron por tierra como los anteriores, sino por mar, en sus embarcaciones. Se establecieron al pie del acantilado, debajo de la terraza anterior. Allí se han encontrado sus vestigios en forma de instrumentos de piedra burdamente trabajados, en medio de conchas, huesos de lobos y aves marinas. Se supone que estos grupos humanos fueron los precursores de los posteriores alacalufes.

Seguían bajando las aguas del seno de Skyring. El conchal, al pie del acantilado, quedó ahora a 200 m del borde del mar y al mismo tiempo se abrió una fosa, que comunicó los senos de Skyring y Otway, el actual canal Fitz-Roy, que dejó convertida la anterior lengua de tierra en la actual isla Riesco. La nueva línea de playa, frente a los sitios de ocupación anteriores, fue frecuentada por los alacalufes hasta tiempos recientes.

En el seno de Otway está la pequeña isla de Englefield, sitio de encuentro de cazadores y pescadores, de la cual ya se habló, y que es de especial interés, porque en ella se han descubierto los testimonios más antiguos de los pueblos de pescadores, que ocupaban la costa del Pacífico con sus archipiélagos, las riberas del estrecho de Magallanes y del canal Beagle. Estos pescadores, cazadores y recolectores marinos, que se movilizaron en canoas, tienen que haber transitado por los canales, fiordos y lagos interiores desde varios miles de años, pues ya habían llevado a los cazadores terrestres en sus embarcaciones a la isla Englefield, cuando venían en busca de obsidiana. Por lo demás, poco se sabe de su prehistoria. Es probable que hayan venido por la costa desde el norte, aunque las dificultades de acceso a los canales, cubiertos todavía parcialmente por el hielo a principios de la época posglacial, pueden haber retardado su penetración al interior. No obstante, es posible que hayan llegado tempranamente y que los sitios de ocupación más antiguos en las costas hayan desaparecido por acción del mar, que continuamente cambiaba la geografía de la región.

En tiempos más recientes –no se sabe cuántos siglos o milenios atrás– las islas que forman los archipiélagos del sur, entre el Golfo de Penas y el golfo de Trinidad, habían sido habitadas por grupos de pescadores que, aparentemente, se movilizaron en canoas de corteza abandonando los sitios de sus campamentos marcados por conchales. En éstos se han encontrado cuchillos hechos de una valva de choro gigante, cuyo borde se afiló, pequeños arpones de hueso de ballena de una sola barba, que se utilizaron en la caza de lobos marinos, leznas de hueso y toscos utensilios de piedra, trabajados exclusivamente a percusión. En las islas al sur de Wellington, hasta Tierra del Fuego, los hallazgos han sido aislados y escasos.

En cambio, en la región del canal Beagle, tanto por la ribera de Tierra del Fuego como de Navarino, los conchales son numerosos y alcanzan a veces hasta 3 m de profundidad. En ellos se observa claramente la superposición de dos culturas diferentes. Las capas profundas, y en consecuencia las más antiguas, contienen el mismo material que las de las islas entre los golfos de Penas y de Trinidad, o sea cuchillos de concha, arpones de una barba, leznas de hueso y toscos instrumentos líticos –trabajados por percusión. Cuando los conchales se encuentran en la ribera fueguina del canal Beagle, entre el material descrito figuran algunas bolas grandes, raspadores pequeños enmangados y adornos sencillos de hueso, que indican que existieron contactos con los cazadores patagónicos de las pampas continentales que llegaban en sus andanzas hasta la ribera sur de Tierra del Fuego. Por la naturaleza de estos elementos foráneos deben haber vivido en el periodo correspondiente a la cuarta etapa ocupacional de la cueva Fell. Más tarde, esta sencilla cultura del fondo de los conchales evolucionó ligeramente y se transformó en la de los alacalufes históricos, que hasta hace poco todavía usaban un cuchillo de concha de choro para separar al recién nacido del cordón umbilical.

Encima de estos artefactos se encontró en los conchales de Tierra del Fuego y de la isla Navarino otro tipo de depósitos, caracterizado por la presencia de puntas de flechas, lanzas y cuchillos de piedra, fabricadas a presión, cunas de hueso de ballena y tubos para beber, hechos de huesos de aves. Oquedades en los estratos indican la posición de antiguas viviendas, cuyo piso había estado semienterrado en el terreno colindante. Es esto un rasgo interesante, ya que la disposición de una habitación semihundida en el suelo no ofrece grandes ventajas en parajes protegidos como lo eran las playas y bahías de la isla Navarino, pero sí protegían de los fuertes vientos de las pampas. Esto sugiere que la nueva gente puede haber venido de las pampas y de la costa norte de Tierra del Fuego, desplazando a los ocupantes anteriores de las playas del canal Beagle. Es probable que se trate de los antecesores de los yámanas o yaghanes.

Varios rasgos culturales, tales como los arpones de una barba, las canoas de corteza, las leznas y cuentas de hueso de aves, formaban parte del patrimonio de ambos grupos de pescadores.

En base a las investigaciones efectuadas[15] se distinguen en las pampas patagónicas y en las islas al oeste y sur de ellas, dos diferentes líneas de desarrollo cultural: una representada por los cazadores terrestres, cuyos primeros vestigios datan del décimo milenio a.C. y la otra por pescadores y recolectores marinos. Los primeros vivían en las regiones de la vertiente atlántica, las pampas continentales y Tierra del Fuego. Ellos dieron origen a los onas y tehuelches históricos y forman el grupo de los "indios pedestres". Los segundos ocupaban los archipiélagos e islas de la vertiente pacífica y dieron origen a los yámanas y alacalufes, que forman el grupo de los "indios canoeros"; la región de los mares interiores, de los senos y fiordos era la zona de contacto entre ambos grupos.

La prehistoria en el extremo sur terminó en el periodo preagroalfarero, siendo el próximo y doloroso paso para los fueguinos su incorporación a la vida del siglo XIX.

1.3. MÁS PESCADORES, CAZADORES Y RECOLECTORES

En el norte y centro de Chile también se pudo constatar un prolongado desarrollo cultural de cazadores y pescadores. Los testimonios materiales son más abundantes, especialmente en la región del norte grande que en el extremo sur, y en los últimos años los trabajos arqueológicos han arrojado varias fechas absolutas que confirman la gran antigüedad de la ocupación humana de la costa.

El Norte Grande, que abarca las provincias de Tarapacá y

[15] Las principales investigaciones arqueológicas en el extremo sur se deben a 3 misiones científicas encabezadas por Junius Bird entre 1932 y 1970; 2 misiones encabezadas por Vaino Auer entre 1928 y 1937; 7 misiones encabezadas por José Emperaire primero y Annette Lamingemperaire después, entre 1946 y 1968. La prehistoria de la parte argentina ha sido investigada principalmente por Osvaldo Menghin.

Antofagasta (Fig. 3) se caracteriza por grandes extensiones de desiertos, interrumpidos por pocas y restringidas áreas de tierra fértil en los oasis. Así se presenta la costa que, en general, está limitada a una franja angosta detrás de la cual se levanta abruptamente la cordillera de la Costa, que a su vez se expande hacia el interior en un altiplano formado por la Pampa del Tamarugal y el Desierto de Atacama, que se eleva paulatinamente hacia la precordillera y la alta cordillera, alcanzando alturas superiores a 6.000 m. Estas regiones están entrecortadas por valles y quebradas, ahora en su mayoría secas, y algunos pocos ríos, de los cuales el de mayor importancia y magnitud es el Loa. La región está, además, caracterizada por la existencia de numerosos salares, que corresponden a antiguas cuencas lacustres, formadas por aguas del mar, contenidas en el interior al producirse un repentino solevantamiento continental durante el Terciario, cuando se formaba la cordillera de los Andes. Durante el altitermal u óptimo climático, entre 5000 y 2500 a.C. el clima era algo más húmedo que el actual y hubo mayor disponibilidad de agua.

Tal como en la Patagonia, los primeros pobladores del norte parecen haber sido cazadores. En la precordillera, entre 2.400 y 4.000 m de altura, existe un gran número de sitios de caza, de campamentos y de talleres, la mayoría de ellos cerca de las quebradas, ahora secas, pero que entonces llevaban corrientes de agua, y en las riberas de los salares y antiguas lagunas.

Uno de los sitios a los cuales se atribuye mayor antigüedad es el de Gatchi. Sobre una larga extensión de lomas, al noreste de San Pedro de Atacama, se encuentran diseminadas lascas y núcleos de piedra para manufacturar utensilios, herramientas elaboradas de guijarros, tales como *chopper* y *chopping-tools* y una especie de pequeñas hachitas a las cuales se ha dado el nombre de "protohachas de mano". Todo este material está trabaja-

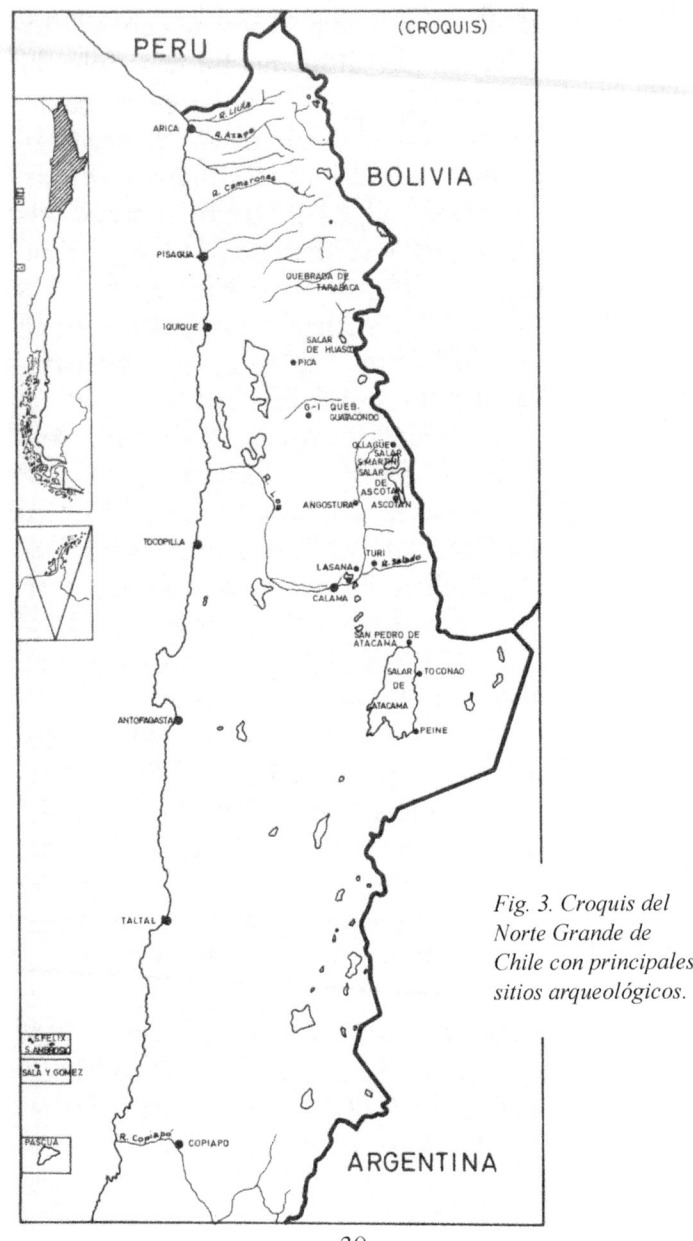

Fig. 3. Croquis del Norte Grande de Chile con principales sitios arqueológicos.

do a percusión y es conspicua la ausencia de puntas de proyectiles, por lo cual se supone que estos restos pertenecen al "horizonte anterior a puntas de proyectiles", por lo menos en cuanto a la técnica y forma de los utensilios. En el mismo yacimiento, mezclado con los tipos descritos, se han encontrado otros, mejor elaborados, tales como cuchillos, raspadores, puntas de proyectiles de diferentes formas, algunas de las cuales alcanzan hasta 15 cm de largo. Algunas construcciones de piedra que se encuentran en el sitio demuestran que antes que el hombre se hiciera agricultor existían asentamientos y caseríos permanentes. A base de estos hallazgos se ha establecido el "complejo industrial de Gatchi"[16], subdividido en Gatchi I con el instrumental a base de guijarros y núcleos, y Gatchi II de proyectiles. Como no existe ninguna manera de asignarles una fecha absoluta, se considera para Gatchi I una edad superior a 10.000 a.C. y a Gatchi II una edad entre 7.500 y 6.000 años a.C. a base de cierto parecido de las puntas de proyectiles con las de Lauricocha en Perú, que han sido fechadas por el C-14 en 7.500 años a.C. Otro sitio, al cual se asigna tentativamente una edad parecida a la de Gatchi, ha sido encontrado en los alrededores de Talabre.

[16] Un complejo cultural esta constituido por un conjunto de varias industrias en un mismo yacimiento; se habla de industria cuando los mismos tipos de instrumental lítico se repiten en varios sitios. G. SERRACINO y R. STEHBERG: "Estructuras de piedra de Gatchi (San Pedro de Atacama)". *Norte Grande*, vol. I, N° 2, U. Católica, Santiago, 1974.

Un sitio cerca de Chuquicamata, trabajado por E. Lanning, vincularía el material allí encontrado a una antiquísima tradición lítica de buriles, que abarcaría todo el continente, hasta el norte de Chile y que sería más antigua que la de Gatchi. E. LANNING: *"Industrias de buriles en el pleistoceno de los Andes". Notas Atacameñas*, N° I, San Pedro de Atacama, 1973.

Un yacimiento preagroalfarero que marca un hito en el desarrollo cultural del interior del Norte Grande es el de Puripica, a 33 km al noreste de San Pedro de Atacama. Ocupa una extensión de cerca de 300 m de largo por 50-80 m de ancho –lo que es excepcional, pues en general los sitios son mucho más restringidos en tamaño– y está situado sobre un promontorio entre dos quebradas que forman el río Puripica. Se caracteriza por puntas de proyectiles en forma de hojas de sauce y laurel, hechas de basalto, muy semejantes a las puntas foliáceas de Ayampitín, en Argentina, asignándoseles por eso una edad parecida a aquel horizonte de cazadores tempranos, o sea, alrededor de 6.000 años a.C. Una posición temporal intermedia parece haber tenido el yacimiento de Tulán, al Sureste del terminal del Salar de Atacama y cuyo material lítico se vincula con el de Gatchi II y con el de Puripica.

Más reciente es el complejo industrial de Tambillos, en el camino entre San Pedro de Atacama y Toconao. Allí no se trata de un taller lítico, sino de un sitio de caza. Se han encontrado en él diferentes tipos de puntas de proyectiles –tetragonales, triangulares, foliáceas– junto con raspadores, cuchillos y perforadores; se ubica cronológicamente entre 3.000 y 4.000 a.C. Más o menos la misma edad se asigna al yacimiento de Ascotán, en las riberas del salar del mismo nombre.

Todos estos sitios son yacimientos de superficie, sin estratigrafía, de modo que no es posible establecer su antigüedad o la secuencia del desarrollo cultural por la posición de los artefactos en diferentes capas del suelo, sino únicamente comparando sus formas. Así, al comparar los hallazgos de Gatchi II con los de Lauricocha (Perú) y los de Puripica con Ayampitín (Argentina), que poseen fechas radiocarbónicas, se han interpolado los demás yacimientos según el tipo de proyectiles encontrados en ellos.

Se pisa terreno más firme en la provincia de Tarapacá. Sobre las terrazas que dominan la quebrada, ahora seca, de Tarapacá, cerca del sitio de Caserones, existieron campamentos de cazadores antiguos, donde se han hallado antiguos pisos de moradas e instrumental lítico que datan de 4.500 a 4.000 a.C. Los pisos son los más antiguos que se conocen hasta la fecha. Una nueva fecha radiocarbónica se obtuvo del sitio de Aragón I, cerca de Tiliviche, provincia de Tarapacá, en un yacimiento preagroalfarero que data de 4.760 a.C.[16a]. Campamentos más recientes, que ofrecen como rasgo típico manos para moler granos y frutos silvestres, datan de entre 2.700 y 2.000 a.C. y deben haber pertenecido a cazadores que además de la caza se dedicaban ya a la recolección de vegetales[17].

Mientras que el altiplano y la precordillera estaban poblados por grupos nómades de cazadores, que más tarde suplementaron su alimentación con semillas y frutos recolectados, vivían en la costa poblaciones de pescadores. De su existencia son testigos los grandes conchales cerca de Arica, Conanoxa (quebrada de Camarones), Punta Pichalo, Taltal, Antofagasta y otros sitios.

Cuatro km al sur del puerto de Arica se halla la pequeña bahía de Quiani y sobre una terraza de 15,5 msnm quedan restos de un extendido conchal de 2 m de profundidad. Al excavarlo[18] se comprobó que se componía de dos partes con claras

<hr />

[16a] Patricio Núñez y Vjera Zlater: *Radiometría de Aragón I y su implicancia en el precerámico costero del norte de Chile.* 4° Congreso Nacional de Arqueología Argentina, San Rafael (Mendoza), 1976.

[17] Lautaro Núñez: "Caserones-1, una aldea prehispánica del norte de Chile", *Estudios Arqueológicos,* N° 2, Universidad de Chile, Antofagasta, 1966; D. L. True, L. Núñez y P. Núñez: "Archaeological Investigations in Northern Chile: Project Tarapacá", *American Antiquity*, vol. 35, N° 2, 1970.

[18] J. Bird: "Excavations in Northern Chile", *Anthropological Papers*, vol. 38, American Museum of Natural History, New York, 1943.

diferencias culturales: las capas inferiores, más antiguas, ofrecían como elemento característico anzuelos fabricados de una valva de concha de choro (Fig. 4). Además había anzuelos compuestos de una parte central alargada, de la forma aproximada de un cigarro, hechos de piedra, hueso o concha y amarrada a ella una barba o púa de hueso. Formaban parte del conjunto pesas de piedra para pescar, también de forma alargada y muy parecidas a la parte central de los anzuelos compuestos de arpones, puntas de proyectiles foliáceas o de doble punta, morteros de lava e instrumentos burdos, hechos de basalto. Este periodo fue llamado de la "cultura del anzuelo de concha" por su excavador Dr. Junius Bird; se inició alrededor de 4.220 ± 220 a.C. y corresponde al primer periodo preagroalfarero en la costa norte.

En las capas siguientes, hasta la superficie del conchal, el anzuelo de concha no aparece más, sino que es reemplazado por anzuelos hechos de espinas de cactus, que han sido encurvadas artificialmente; se encuentran asociados con puntas de proyectiles triangulares de base cóncava y otras con aletas y pedúnculo y bolas de piedra, muy parecidas a las más tempranas encontradas en el Extremo Sur (cueva de Fell). Del periodo anterior sobrevivían puntas de proyectiles de doble punta, arpones con púas de hueso, pesas en forma de cigarro, morteros de lava y las herramientas burdas de basalto[19]. Una fecha radiocarbónica sitúa los principios de este segundo periodo preagroalfarero alrededor de 3.666 ± 145 a.C.

Un desarrollo cultural casi idéntico se pudo observar en los conchales de Punta Pichalo, cerca de Pisagua. Allí los restos de las culturas preagroalfareras se encuentran en un

---

[19] La última capa, o sea la más cercana a la superficie, corresponde a un periodo de agricultura incipiente.

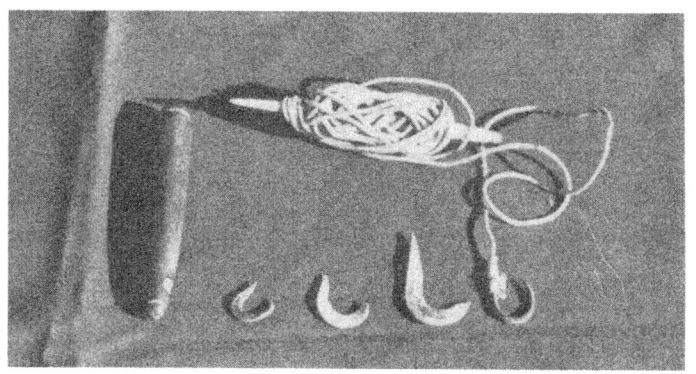

Fig. 4. Anzuelos de concha, de espina y plomada.

grueso depósito de guano fósil. Se distingue claramente un primer periodo con anzuelos de concha y los demás objetos asociados, aunque aparecen, casi simultáneamente, anzuelos de espina de cactus en las capas bajas del conchal. Superpuestos se encuentran los estratos correspondientes al segundo periodo preagroalfarero, sin anzuelos de concha y con los rasgos asociados ya conocidos desde Arica. El instrumental burdo de basalto se encuentra en Punta Pichalo con mayor concentración en las capas bajas[20].

Tanto en Arica como en Punta Pichalo se han encontrado sepulturas que pertenecían a los dos periodos preagroalfareros: al primero corresponden entierros de esqueletos tendidos en la tierra, sin ajuar acompañante; al segundo, esqueletos tendidos entre esteras de totora, a veces envueltos en cueros de aves, igualmente sin ajuar o con uno que otro utensilio.

---

[20] En Punta Pichalo existen dos tipos de conchales: uno, de color café debido al guano fósil, contiene los restos de los dos periodos preagroalfareros y en sus dos capas superiores restos pertenecientes a un periodo agroalfarero inicial; el segundo, de color negruzco, debido a grandes cantidades de cenizas, continúa la secuencia agroalfarera del primero.

En los sitios costeros de Punta Blanca al sur de Tocopilla y de Abtao (Antofagasta) la situación era parecida y las fechas obtenidas coinciden con las de Quiani (Arica). En cambio en la quebrada Las Conchas, en el lugar denominado La Chimba, se encontró un sitio que había sido ocupado hace cerca de 10.000 años por pescadores de especies ahora extintas en ese litoral; tallaban piedras de formas geométricas del tipo que hasta ahora se conocía sólo en la provincia de Coquimbo (Nota 24).

En las pendientes del Morro de Arica el arqueólogo Max Uhle descubrió en el segundo decenio de este siglo una serie de sepulturas, que se caracterizaban por la presencia de cuerpos momificados de una manera muy especial[21]. Más tarde, este mismo tipo de entierros apareció en Chinchorro, un suburbio de Arica y, a base de estos hallazgos, se estableció el "complejo cultural Chinchorro". Un tercer sitio en Arica, que rindió material del mismo complejo, era Quiani. Más hacia el sur, descubrimientos parecidos fueron hechos en Pisagua Vieja, Punta Pichalo, Patillos (Iquique), Antofagasta. Todos ellos tienen en común una serie de rasgos que permiten su inclusión en un solo complejo cultural.

Las sepulturas presentan cuerpos tendidos y momias de "preparación complicada" (Fig. 5) acompañadas de su ajuar.

---

[21] MAX UHLE: "Los aborígenes de Arica", *Publicaciones del Museo de Etnografía y Antropología de Chile,* vol. I, N° 4-5, Santiago, 1917. Los aborígenes de Arica constituyen el segundo periodo de la cronología de Uhle, quien los ubicó en los primeros siglos de la era cristiana, fecha que ha sido rechazada mediante el C-14. Últimamente se descubrió en la gruta de Los Morrillos, prov. de San Juan (Argentina) un yacimiento arqueológico afín al complejo Chinchorro; esto hace suponer que también por el lado chileno habrá llegado a latitudes correspondientes (MARIANO GAMBIER y PABLO SACCHERO: "Secuencias culturales y cronología para el SO de la provincia de San Juan, Argentina", *Hunuc Huar,* vol. I, San Juan, 1970).

Fig. 5. Complejo Chinchorro: momia de preparación complicada.

Las momias "preparadas" pertenecen en general a niños, a quienes se les han extraído los órganos internos –suplantándolos por manojos de fibras vegetales– y reforzado los miembros mediante palos; hecho eso, el cuerpo ha sido después cosido en cuero y cubierta la cara con una mascarilla de greda pintada. Algunas momias de criaturas tenían pelucas hechas de cabelleras desolladas de adultos y los cráneos artificialmente deformados mediante la aplicación de vendas (deformación circular). Estaban sepultadas entre esteras de totora y muchas veces cubiertas con cueros de aves marinas. Tenían enrolladas alrededor de la cabeza madejones de lana a manera de turbantes, delgados la mayoría, abultados otros, con adornos en forma de espátulas de hueso o atados de plumas. En un caso se encontró también un cuchillo hecho de una punta triangular de piedra en un mango de madera.

Estaban acompañadas de un abundante ajuar mortuorio, consistente en plomadas para pescar en forma de bolas y de cigarros, anzuelos compuestos y sencillos de espinas de cactus, propulsores, lanzas, dardos, arpones, chopes para mariscar, paños y bolsas de lana y totora, ejecutadas según técnica de malla, cobertores púbicos de fibras vegetales, lana o cuero, brochas o escobillones, cestería en espiral, cuentas de concha, pigmentos rojos, verdes y blancos, restos de algodón, semillas silvestres de diferentes tipos y quinua. En una ocasión se encontró un pequeño mortero.

A este periodo pertenecían también pequeñas estatuillas de greda, de forma humana, que contenían en su interior huesos de fetos, tanto de seres humanos como de animales. Estas "momias-estatuillas", encontradas entre el ajuar funerario, indican una vida cultural ya bastante desarrollada.

El complejo Chinchorro, con su sorprendente cantidad de rasgos culturales asociados, hace pensar que puede tratarse de reducidos grupos intrusivos de gente venida del norte y que vivió a lo largo de la costa de Tarapacá (según nuestros conocimientos actuales), pescando y cazando animales marinos y ocasionalmente subiendo al interior y al altiplano para cazar guanacos y vicuñas o para recolectar semillas y frutos silvestres a lo largo de los valles. Poseían muchos rasgos culturales típicos del segundo periodo preagroalfarero en los conchales, pero simultáneamente hace su aparición un gran número de rasgos nuevos. La cestería, los turbantes, los tejidos en técnica de malla, la misma costumbre de acompañar a los muertos con un valioso ajuar, que indica un culto establecido, y otros rasgos más, vislumbran ya el próximo periodo por venir, el periodo agroalfarero temprano. La gente de Chinchorro –y demás sitios que pertenecen al mismo complejo– era la vanguardia de migraciones continuas posteriores, desde la costa peruana, donde el desarrollo cultural era más adelantado que en el sur.

En los cementerios de Quiani los muertos estaban sepultados en posición flectada y, no obstante que les acompañaba un ajuar más reducido que en los otros cementerios, parece que corresponden a la última fase del complejo Chinchorro, inmediatamente anterior a la introducción de la agricultura o quizás ya vinculado con agricultores incipientes, cuya presencia puede deducirse de las capas superiores del conchal de este sitio.

Las fechas radiocarbónicas que se poseen para el complejo Chinchorro (yacimientos de Pisagua Vieja) coinciden, dentro de límites prudentes, con la de 3.666 ± 145 a.C. para el principio del segundo periodo preagroalfarero en el conchal de Quiani.

Los conchales de Taltal, que habían sido descubiertos y trabajados por Augusto Capdeville[22] en el segundo decenio de este siglo, presentaban un cuadro muy parecido al de Quiani y Punta Pichalo: en su parte baja contenían anzuelos de concha y material asociado del primer periodo preagroalfarero; en la parte superior, mucho menos potente, ya no existían estos anzuelos, pero tampoco hubo los de espinas, ausencia que es difícil de explicar. Parece que al segundo periodo preagroalfarero correspondían cementerios en los cuales los muertos estaban sepultados dentro de círculos (o más bien óvalos abiertos por un extremo) subterráneos de piedras paradas, dentro de los cuales el esqueleto se encontró en posición tendida, encima de una capa de pigmento roja y con su ajuar debajo de la cabeza. Éste consistía en grandes y delgadas puntas foliáceas (Fig. 6) de lanzas, que alcanzaban a más de 20 cm de largo y que son las más bellas que se conocen en Chile, puntas de flechas con pedúnculo, anzuelos compuestos y collares de cuentas de concha o hueso.

Resumiendo el cuadro cultural de los diez milenios antes de nuestra era en las provincias del Norte Grande, vemos, en el interior, bandas de cazadores venidos del norte (Gatchi II), antecedidos quizás por cazadores recolectores más primitivos (Gatchi I). A ellos sucedió una segunda corriente de cazadores, vinculados con los de Ayampitín en Argentina que lograron influir en el desarrollo cultural temprano desde la Patagonia hasta el extremo norte y que están representados en Puripica.

---

[22] Habían sido descubiertos en 1914 por A. Capdeville y trabajados primero por él. Más tarde M. Uhle participó en las excavaciones; el material hallado dio origen a una amplia discusión, en la cual participaron R. Latcham, A. Oyarzún y muchos otros arqueólogos.

G. MOSTNY (ed.): *Arqueología de Taltal. Epistolario de Augusto Capdeville con Max Uhle*, Fondo Histórico y Bibliográfico. J.T. Medina, Santiago,

Fig. 6. Hoja lítica de Taltal.

En el quinto milenio a.C. algunas de estas bandas habían adquirido quizás un modo de vida algo más estable, tal vez de trashumancia temporal, como lo parecen atestiguar los pisos de habitaciones en Caserones; su desarrollo siguiente parece haber adquirido caracteres locales, aunque el cuadro no es claro, debido a la falta de profundidad de los yacimientos.

En la costa, en cambio, se ve claramente en el 5° milenio a.C. la presencia de pescadores que usaban como rasgo distintivo el anzuelo de concha (primer periodo preagroalfarero) y que habían sido sucedidos en el 4° milenio por otros, que habían abandonado este rasgo arcaico en favor de anzuelos de espina de cactus (segundo periodo preagroalfarero). Hacia el final de este periodo se nota un repentino enriquecimiento cultural (complejo Chinchorro), la última capa del conchal de Quiani parece haber sido depositada por gente que ya tenía nociones de agricultura y, en las capas altas del conchal de Pichalo, aparecen restos de cerámica[23].

1964.
[23] Véase también LAUTARO NÚÑEZ: "Desarrollo cultural prehispánico en el Norte de Chile", *Estudios Arqueológicos,* N° I, Universidad de Chile, Antofagasta, 1965. Últimamente ha sido descubierta por L. Núñez en Caleta Huelén, cerca de Iquique, una aldea de pescadores, compuesta de recintos circulares, semisubterráneos, que data de 3000 años a.C. y que pertenecía aparentemente al segundo periodo preagroalfarero".

En las provincias de Atacama y Coquimbo, la región llamada de los valles transversales (Fig. 7), se ve un desarrollo parecido, aunque todavía no es tan claramente reconocible como en el extremo norte.

Esta región se caracteriza por la presencia de valles de ríos que la atraviesan en dirección de este a oeste y que llevan agua durante todo el año, dando origen a tierras fértiles extensas y a una vegetación más exuberante, que a su vez permite la existencia de una fauna más rica. La franja de la costa es más amplia y no choca con un altiplano que se levanta abruptamente, sino que sube en forma paulatina hacia la región precordillerana y la alta cordillera.

En este marco ecológico vivían diferentes grupos de cazadores, recolectores y pescadores.

Uno de los más antiguos ha sido el que deja la cultura de Huentelauquén, denominada así por un pueblo a orillas del río Choapa, que es el sitiotipo donde la cultura ha sido reconocida como tal, aunque hallazgos dispersos de ella se han hecho a lo largo de toda la provincia de Coquimbo, desde Carrizalillo en el norte hasta Pichidangui en el sur. En la costa se hallan sobre terrazas marinas superiores a 30 m, en forma de hojas foliáceas, puntas de proyectiles pedunculadas, cuchillos, *choppers*, raspadores, mezclados con restos de conchas, que habían constituido su alimento principal; en el interior se dedicaban a la caza y a la recolección de frutos y plantas silvestres. Forman parte de su acervo cultural piedras y manos para moler, sean granos o materias minerales para obtener pigmentos. Pero los artefactos más característicos de

L. Núñez, V. Zlatar, P. Núñez: *Caleta Huelén-42: una aldea temprana en el norte de Chile*, Programa de Arqueología y Museos, U. de Chile, Antofagasta, Chile. Universidad de Panamá, Panamá, 1975.

Fig. 7. Croquis de los valles transversales de Chile.

la cultura de Huentelauquén los constituyen piezas líticas triangulares y polígonas de 4 a 7 y más lados (Fig. 8), que tienen la cara inferior plana y la superior ligeramente abovedada, cuyo diámetro oscila entre 5 y 16 cm y su grosor entre 1,5 y 4 cm; en algunas de ellas se confunde el número de ángulos o lados, resultando piedras circulares dentadas. Estas últimas se conocen con el nombre "cogged stones" en yacimientos preagroalfareros en California (Estados Unidos), donde pertenecen, junto con las piedras para moler, al "horizonte de piedras para moler" (Milling Stone Horizon) que existía allí unos 6.000 años atrás y tuvo una duración de 2.000 a 3.000 años. Aparte de Chile y California, este artefacto es desconocido en América y queda todavía sin contestar la interrogante de posibles relaciones entre estas dos áreas tan alejadas de la costa oriental del Pacífico. El área de distribución tan restringida (provincia de Coquimbo), se ha visto ampliada

Fig. 8. Litos de Huentelauquén.

44

por recientes excavaciones hasta Antofagasta (La Chimba); de este sitio se posee una fecha radiocarbónica de 7.730 ± 160 años a.C.[24]. Con esta fecha queda comprobado que la cultura de Huentelauquén con sus litos polígonos es anterior a la cultura del anzuelo de concha, que también está representada en las costas de los valles transversales.

Debajo de un conchal en Guanaqueros (Bahía de Tongoy), que en sus depósitos de escasa profundidad contenía tiestos de cerámica de la cultura de El Molle, se han hallado varias sepulturas[25]. Los esqueletos estaban en posición tendida o con las piernas dobladas; algunos de ellos estaban desarticulados y se han encontrado hasta sepulturas con cráneos solos. En muchas de las tumbas los restos humanos y las ofrendas acompañantes estaban cubiertos o envueltos en pigmento rojo o verde; algunas piedras planas aparecen colocadas alrededor de la cabeza a manera de protección. En una de ellas se encontró un anzuelo de concha; otras piezas del ajuar eran anzuelos compuestos, plomadas en forma de cigarro, diferentes puntas de proyectiles –entre ellas, grandes y esmeradamente trabajadas hojas foliáceas, espátulas y punzones de hueso, cuentas de piedra pulida y de conchas, placas líticas circulares y cuadradas con agujero de suspensión y piedras horadadas. Este mismo material, en el mismo contexto, se ha encontrado en La Herradura, al sur de Coquimbo, y en Chañaral de Aceitunas en el extremo sur de la provincia de Atacama. El conjunto de estos artefactos acusa semejanzas

[24] Agustín Llagostera: "Ocupación humana en la costa norte de Chile asociado a peces local-extintos y a litos geométricos: 9.680 ± 160 a.p". En *Actas del 7° Congreso de Arqueología de Chile*, 1977, Ed. Kultrún, Santiago, 1979.

[25] J. Iribarren: *Yacimientos de la Cultura del Anzuelo de Concha en el litoral de Coquimbo y Atacama*, Publicaciones del Museo y de la Soc. Arqueológica de La Serena, bol. II, La Serena, 1960.

con el primer periodo preagroalfarero de los conchales del extremo norte por un lado, y con el segundo periodo preagroalfarero de Taltal, donde en las sepulturas en círculos de piedras se había hallado igualmente la presencia de pigmento rojo y de hojas grandes líticas.

Cerca del mismo pueblo de Guanaqueros existe otro conchal, situado sobre una terraza marina de 10 msnm, cuya capa inferior es probablemente contemporánea con el cementerio, que rindió el anzuelo de concha, por contener el mismo material, salvo las grandes hojas líticas –que quizás eran ofrendas cúlticas y por eso no se encuentran en sitios habitacionales– y los anzuelos de concha[26]. Esta capa fue fechada en 1.790 ± 110 a.C. Si se compara esta fecha con la de Quiani (Arica) para la cultura del anzuelo de concha, se nota una diferencia de más de 2.000 años entre los dos yacimientos. Este desnivel cronológico puede ser la explicación de la escasez de anzuelos de concha en las tumbas donde se encontraron en franca asociación con artefactos de tiempos más tardíos, típicos de Taltal y de su ausencia en el conchal que, no obstante la coincidencia con los demás artefactos, puede haberse empezado a formar más tarde que el cementerio cuando el anzuelo de concha ya había desaparecido definitivamente. En las capas superiores del conchal "del pueblo" (para diferenciarlo del conchal "del cementerio") se nota hacia la superficie una disminución de las puntas de proyectiles y arpones para la caza de mamíferos marinos; en cambio aparecen piedras horadadas y piedras de tacitas. Todos estos hechos son indicativos de un cambio en el modo de vida de sus ocupantes, cuyo énfasis se trasladó de la pesca y caza a

---

[26] V. SCHIAPACASSE y H. NIEMEYER: "Excavaciones de un conchal en el pueblo de Guanaqueros", *Arqueología de Chile Central y Áreas Vecinas*, Santiago, 1964.

la recolección. Las sepulturas dentro del conchal son genuflexas, sin ajuar ni sustancias colorantes. En la superficie del conchal se encontraron fragmentos de cerámica pertenecientes a las culturas agroalfareras de El Molle y, en menor cantidad, diaguita. La capa superior se relaciona con la inferior de otro conchal encontrado en la quebrada de El Encanto, cerca de Ovalle, que está superpuesta por otra que pertenece a gente de El Molle. Esta superposición de la cultura de El Molle inmediatamente encima de estratos preagroalfareros se ha hallado también debajo de un alero rocoso en San Pedro Viejo (Pichasca, Ovalle), cuyos niveles inferiores pertenecen a restos dejados por cazadores-recolectores, con la aparición muy temprana de vegetales aptos para el cultivo[27].

Otro sitio que rindió material de confección y forma arcaica es el de Cárcamo, un taller lítico de superficie ubicado en la quebrada del mismo nombre, al sur de Ovalle. Se trata allí de restos dejados por cazadores, en su mayoría utensilios a base de lascas de basalto, del cual se han fabricado, mediante percusión –excepcionalmente por presión– puntas de proyectiles con pedúnculo y dos barbas que salen del cuerpo en ambos lados de su base; este mismo tipo se ha encontrado aisladamente también en otros sitios de la provincia y tiene además bastante semejanza con las puntas típicas para Talcahuano (prov. de Concepción). Otras puntas, en forma de hojas de sauce y laurel, recuerdan las de Puripica en el Norte Grande que, a su vez, están vinculadas con el complejo Ayampitín[28].

[27] MARIO RIVERA y GONZALO AMPUERO: *Excavaciones arqueológicas en el alero rocoso de San Pedro Viejo, Pichasca, Ovalle, Chile*, Resumen de ponencias del 39° Congreso Internacional de Americanistas, Lima, 1970.

[28] G. AMPUERO: *Cárcamo: un taller lítico precerámico en la provincia de Coquimbo*, Publicaciones del Museo Arqueológico de La Serena, N° 13, La Serena, 1969.

El yacimiento de Las Tacas, un balneario aproximadamente a 22 km al sur de Coquimbo, es de carácter diferente. Allí, sobre una terraza marina de 20 msnm se encontraron, entre restos superficiales de conchas, artefactos hechos de guijarros, del tipo conocido como *chopper* y *chopping-tool*. Por su aspecto y material se asemejan a los artefactos burdos hallados en los conchales del Norte Grande, sea concentrados en las capas inferiores, sea alcanzando hasta las superiores (Taltal, Quiani, Punta Pichalo) y siempre asociados con otros utensilios; en Las Tacas se encuentran completamente solos. Igualmente solos y restringidos a un área que no sobrepasa 50 m de diámetro, se ha encontrado en la playa de la bahía la Herradura un gran número (se sabe de más de 400 piezas) de artefactos voluminosos de granito y diorita principalmente, trabajados a percusión, de 14-19 cm de largo; son de dorso ligeramente curvo y terminan en una o dos puntas; algunos han servido de martillos, pero en general no se sabe para qué, por quién o cuándo han sido fabricados; su ubicación a escasos 5 msnm habla en contra de una gran edad, ya que, como lo hemos visto en el extremo sur y como lo veremos más adelante en Chile central, el material más antiguo se encuentra siempre depositado sobre terrazas marinas altas.

La falta de fechas radiocarbónicas, salvo contadas excepciones, y el carácter superficial de la mayoría de los yacimientos, hacen imposible su ordenamiento en una secuencia cronológica segura. Tentativamente[29] se ha ubicado la cultura de Huentelauquén antes de 4.000 a.C., la de los Anzuelos de Concha alrededor de 3.000 a.C., Las Tacas al final de la era precristiana. El ini-

[29] JORGE IRIBARREN: "Culturas precolombinas en el Norte Medio, Precerámico y Formativo", *Boletín del Museo Nacional de Historia Natural*, t. 30, Santiago, 1969.

Véase también J. BIRD: "Excavations in Northern Chile", *óp. cit.*

cio de San Pedro Viejo Pichasca deberá colocarse en el séptimo milenio a.C. a base de una fecha radiocarbónica; para el sitio de Cárcamo, su descubridor no se pronuncia más allá de tratarse de una industria de cazadores tempranos.

Mayores son las dificultades todavía para esbozar un cuadro del desarrollo de la zona de Chile central, que abarca las provincias situadas entre los valles transversales y la Araucanía, es decir, la región entre los ríos Choapa e Itata aproximadamente (Fig. 9). Ella se caracteriza por la gran extensión de norte a sur del valle central, flanqueado por la cordillera marítima y la costa adyacente por el oeste y la cordillera de los Andes por el Éste; es irrigado por las cuencas de los ríos Aconcagua, Maipo, Mapocho, Rapel y Maule, para nombrar las más importantes. Ha sido una zona densamente poblada en tiempos prehistóricos y en los subsiguientes periodos históricos, siendo la última ocupación responsable de la destrucción de la mayoría de los yacimientos arqueológicos.

El yacimiento más antiguo de ocupación humana, según las fechas radiocarbónicas en nuestro poder, es el ya mencionado de Tagua-Tagua, que rindió a 2,30 m de profundidad una capa ocupacional con la presencia de industrias de cazadores paleoindios, asociados con mastodonte, caballo y cérvidos que se remonta al décimo milenio a.C.

En el mismo sitio, en una capa que se encuentra sólo un m debajo de la superficie actual del terreno, se descubrieron vestigios de otra ocupación humana a orillas de la antigua laguna. Eran cazadores de animales terrestres y aves acuáticas y recolectaban frutos y semillas silvestres. Entre los artefactos dejados por ellos se observan puntas de proyectiles triangulares de base recta y escotada, otras pedunculadas, piedras horadadas, raspadores, cuchillos, huesos aguzados en los extremos, pulidores de piedra y manos para moler. Conchas de molus-

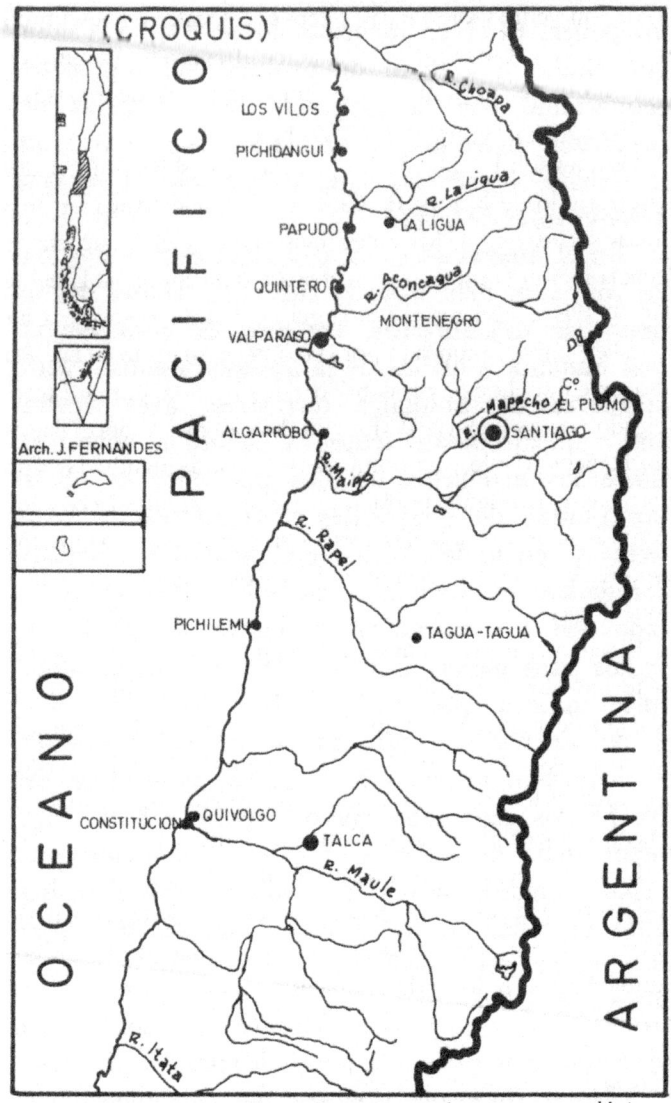

Fig. 9. Croquis de Chile central con principales sitios arqueológicos.

cos de agua dulce indican que éstos también formaban parte de su régimen alimenticio y probablemente se dedicaban también a la pesca, valiéndose de los huesos aguzados como arpones. Este yacimiento data de 4.180 ± 115 a.C.; coincide esta fecha, y también el material hallado, con la de los sitios ubicados en las terrazas marinas de 15-30 msnm del litoral, cuya formación se estima entre 2.000 y 6.000 años atras[30].

La ubicación de los yacimientos prehistóricos preagroalfareros es importante para su interpretación. Los más antiguos se encuentran sobre las terrazas marinas entre 15 y 30 msnm y constituyen la terraza superior en el litoral de Chile central y de los valles transversales; la terraza más baja, con un promedio de 6 a 7 msnm cuya edad no es superior a 2.000 años, ha servido en general de asiento a culturas posteriores, en su mayoría agroalfareras. Un fenómeno común en los yacimientos de las terrazas altas es la presencia de piedras "de tacitas" (Fig. 10) o morteros comunales, tal como se ha visto en el conchal "del pueblo" de Guanaqueros.

Los conchales en las terrazas altas, en general, se ubican sobre caletas rocosas, en la proximidad de desembocaduras de esteros o fuentes de agua dulce; están compuestos por grandes cantidades de conchas de moluscos, que viven adheridos a las rocas, tales como locos (*concholepas*), choros (*mytilus chorus*) y otros, para cuya recolección basta algun instrumento puntiagudo. Huesos de lobos y aves marinas indican que ocasionalmente entraba alguno de los primeros en las caletas y que éstas servían de paradero a las segundas; aparecen grandes cantidades

---

[30] JULIO MONTANÉ: "Fechado del nivel superior de Tagua-Tagua", *Noticiario Mensual*, N° 161, Santiago, 1969.

Ídem: "Fechamiento tentativo de las ocupaciónes humanas en dos terrazas a lo largo del litoral chileno", *Arqueología de Chile Central y Áreas Vecinas*, Santiago, 1964.

Fig. 10. Piedra de Tacitas.

de algas, que sirvieron de alimento y de combustible. Mezclados con estos restos se encontraban herramientas hechas de guijarros que, mediante algunos golpes, se transformaban en *choppers* y *chopping-tools*, lascas cuyo borde filudo sirvió de cuchillo o raspador, huesos de lobos de mar y de aves, a los cuales se les trabajaba una punta para desprender los mariscos de la roca. Algunos conchales alcanzan hasta 3 m de profundidad. En su composición no se percibe ninguna estratificación, salvo a veces en los últimos 30 a 50 cm debajo de la superficie, en los cuales aparece un material más variado, que incluye trozos muy fragmentados de cerámica, en general de color café y sin decoración. Conchales de este tipo se han hallado en Las Cruces[31] y en la quebrada de Quiriluca, cerca de Zapallar[32].

[31] Vale la pena mencionar que en 1896 don José Toribio Medina excavó en uno de los conchales de Las Cruces; era la primera vez que alguien trabajaba un yacimiento de este tipo.

Sobre las terrazas altas existe otro tipo de conchal, hoy día sepultado bajo capas gruesas de humus o de arena que se han acumulado en el curso de los milenios desde el momento en que fueron abandonados. En general, reposan sobre antiguas dunas subfósiles y los restos culturales en sus capas inferiores se parecen a los de los conchales de las caletas rocosas. A este tipo pertenecen los conchales de La Raspa, cerca de Zapallar, de Las Ventanas y de Cáhuil.

En Las Ventanas, en el sitio denominado Los Alacranes, este material burdo y poco variado se encuentra en las capas bajas. Sobre ellas están depositadas otras, en las que las conchas de locos aparecen reemplazadas por conchas de machas (*Mesodesma donacium*) que constituyen hasta el 80% del total. El material cultural encontrado entre ellas es de tipo más variado y mejor elaborado que en las capas inferiores, aunque las herramientas burdas de basalto se continúan usando.

A base de estos hallazgos se han establecido dos periodos preagroalfareros: el primero está caracterizado por utensilios escasos consistentes en especial de guijarros rodados, trabajados en un extremo y huesos aguzados en igual forma; en Los Alacranes se ubicó una sepultura perteneciente a este periodo, debajo del piso del conchal, que contenía el esqueleto de una mujer con un niño y, a su lado, una concha de ostión y un canto rodado teñido de rojo. Los conchales de la terraza alta de Cáhuil pertenecen a este periodo. El molusco preponderante era el loco.

---

[32] BERNARDO BERDICHEWSKY: "Culturas precolombinas en la costa central de Chile", *Antropología*, vol. I, N° I, Universidad de Chile, Santiago, 1961. El Tercer Congreso Internacional de Arqueología Chilena, Viña del Mar, 1964, estuvo dedicado a la prehistoria de Chile Central; numerosos trabajos sobre este tema fueron publicados en *Arqueología de Chile Central y Áreas Vecinas*, Santiago, 1964.

El segundo periodo preagroalfarero, también sobre las terrazas altas, y —donde hubo una ocupación prolongada del sitio— sobre las capas del primero, han entregado los mismos cantos rodados trabajados y, además, puntas de proyectiles triangulares, puntas lanceoladas de base cóncava y dos pequeñas aletas que, posiblemente, sirvieron como dardos y otras lanceoladas y triangulares más grandes que fueron quizás usadas como arpones. Están asociadas con piedras horadadas, percutores, manos de morteros y piedras de tacitas. Los muertos ya no son sepultados en excavaciones bajo el piso del conchal, sino colocados en su superficie y cubiertos con piedras y tierra, formando túmulos; su ajuar consistió en puntas de arpones, piedras horadadas y percutores, algunos de ellos teñidos de rojo. A este periodo corresponde la segunda capa de los conchales de Los Alacranes, un conchal en Papudo, otro en Ritoque Alto. El conchal que ofrece material más variado y elaborado está en Longotoma, en la bahía de La Ligua, al sur de la desembocadura del río Petorca. Aparte del material típico para este periodo se han encontrado puntas de proyectiles en forma de hojas, que recuerdan el segundo periodo preagroalfarero de Taltal, artefactos para la pesca, tales como anzuelos compuestos y perforadores de hueso. Los moluscos más frecuentes en los conchales durante el segundo periodo preagroalfarero fueron las machas.

En el interior de la zona corresponden a este segundo periodo los talleres líticos de Montenegro, que acusan, por la naturaleza de sus artefactos, frecuentes contactos con la costa, aunque también existe otro tipo de material, que probablemente tuvo su origen en regiones más septentrionales. Llaman la atención puntas lanceoladas grandes y otras semejantes a las de Ayampitín. El yacimiento de

Las Cenizas[33] cerca de Quilpué pertenece también a este periodo. Allí se ha encontrado un cementerio con esqueletos flectados, acompañados con artefactos líticos burdos, piedras horadadas, puntas de flechas pedunculadas, hojas grandes foliáceas, liberalmente salpicadas o cubiertas con pigmento rojo. En la superficie se encontraban piedras de tacitas y manos para moler.

En la superficie de los conchales del segundo periodo, o a veces en capas superpuestas, aparecen restos de cerámica tosca, de color café, que indican la proximidad del periodo agroalfarero.

La región comprendida entre el río Itata y el Golfo de Reloncaví (Fig. 11) fue ocupada en tiempos históricos por mapuches y huilliches. La prehistoria de la región esta todavía muy poco esclarecida.

En los conchales de la isla de Chiloé[34] se han encontrado dos capas superpuestas: en la más antigua aparecen restos de una industria a base de guijarros, los conocidos *choppers*, y en la superior existen hachas cilíndricas entre el material lítico, que son características para los araucanos posteriores, y además cerámica tosca. El instrumental de la capa baja recuerda lo que se ha encontrado en la Patagonia argentina, cerca del río Gallego y por eso llamado *riogalleguense*[35], que ha sido fechado unos 10.000 años a.C. para su sitio-tipo, y que constituye desde el punto de vista morfológico el material más primitivo.

Una industria de basalto negro de *choppers* y *chopping-*

[33] Rigoberto Gajardo: "Investigaciones acerca de las piedras de tacitas en la zona central de Chile", *Anales de Arqueología y Etnología*, Universidad Nacional de Cuyo, t. 14-15, Mendoza, 1960.

[34] J. Bird: *Archaeology of Patagonia, Handbook of Southamerican Indians,* vol. I, Washington, 1946 .

[35] Juan Schobinger: *Prehistoria de Suramérica*, Col. Labor, Barcelona, 1969.

Fig. 11. Croquis de la Araucanía de Chile con sitios arqueológicos.

tools, de raederas del tipo riogalleguense, asociadas con puntas foliáceas parecidas a las de Ayampitín se ha encontrado en la provincia de Valdivia, cerca de Chanchán y Queule. Este complejo de dos industrias divergentes fue denominado por su sitio-tipo el *chanchanense* y constituye los restos de antiguos cazadores; ha sido fechado en forma tentativa alrededor de 1.000 años a.C., considerándolo una estribación tardía del ayampitinense.

Entre Valdivia y Concepción se han ubicado conchales en la costa de los cuales se sabe poco. Uno de los mejor conocidos está cerca de Talcahuano. Presenta una industria lítica de cuarcita gris, con puntas de flecha de cuerpo dentado y una o dos barbas por lado de un pedúnculo corto triangular, que tienen cierto parecido con las puntas encontradas en el taller lítico de Cárcamo en los valles transversales. No se sabe si este complejo incluye ya una industria alfarera incipiente, aunque parece seguro que perduró hasta el periodo agroalfarero como modo de vida de pescadores y recolectores.

Resumiendo el desarrollo de las poblaciones preagroalfareras que vivían en territorio chileno, se observa una secuencia de formas de vida que parece iniciarse con recolectores y cazadores inferiores, antiquísimos, llegados más de 12.000 años atrás y cuyos vestigios quedaron quizás en el yacimiento de Gatchi I, formando parte de un horizonte americano sin puntas de proyectiles (*pre-projectile point horizon*). Estos habitantes habrían sido reemplazados por paleoindios, cazadores de grandes presas cuaternarias, emparentados con los de los llanos norteamericanos y que han dejado sus restos en las capas más profundas de la cueva de Fell en la Patagonia, y en Quereo entre Tagua Tagua y Chile central. Los cambios producidos en la fauna y flora a fines de la época glacial dieron origen a otro tipo de cazadores, con un diferente instrumental en el que se distinguen las puntas foliáceas del tipo de Ayampitín desde el 6° milenio antes de nuestra era y a cuyo horizonte pertenecen diferentes yacimientos a lo largo de todo Chile. Enseguida se observan en los yacimientos estratificados conchales y cuevas, la presencia de otro tipo de cazadores que, en lugar de puntas foliáceas, usan de preferencia puntas triangulares y que, a medida que nos acercamos al periodo agroalfarero próximo, éstas tienden a disminuir; en cambio, la presencia de piedras y manos para moler, de piedras de tacitas y piedras horadadas, revela una disminución de las actividades de caza y el aumento de las actividades de recolección.

En la costa los vestigios de poblamiento primitivo se remontan al octavo milenio, cuando el hombre pescó especies hoy extintas en esos parajes, más de 3.000 años antes de que se usaran los primeros anzuelos de concha que conocemos de Arica; la cultura del anzuelo de concha en las capas profundas de los conchales del extremo norte se inició en el 5° milenio antes de nuestra era y llegó a extenderse hacia el sur hasta la región de los valles transversales. A juzgar por una capa delgada de arena, casi estéril en cuanto a restos culturales, hubo una interrupción –aunque posiblemente corta– entre el primero y el segundo periodo preagroalfarero en la costa del Norte Grande.

Poco es lo que se sabe de los pescadores de las costas de Chile central y la Araucanía, faltando, ante todo, datos cronológicos absolutos. En el extremo sur, en cambio, hay otra vez fechas de alta antigüedad, que atestiguan la coexistencia de cazadores y pescadores entre el séptimo y quinto milenio a.C.

2

Periodo agroalfarero

Este periodo, como el anterior, es un fenómeno mundial[36,] que se había preparado lentamente. La paulatina disminucion de las actividades de caza y pesca, reemplazadas por la recolección de semillas, frutos y otras sustancias vegetales, destinadas a la alimentación, condujo finalmente al cultivo consciente de elementos aptos para el consumo, y a la hibridación. En Mesoamérica[37] este proceso se había iniciado en el sexto milenio a.C., de donde se expandió hasta el norte y hacia el sur, sin llegar a cubrir toda América antes de la llegada de los europeos. Tampoco hay que pensar en un solo centro de difusión: probablemente hubo varios, según la naturaleza de las plantas cultivadas. La calabaza y el maíz tal vez tuvieron su origen en México; los frejoles y el algodón quizás en el Perú, las papas en Chile, otros tubérculos en las regiones tropicales transandinas. El aporte americano a la agricultura mundial ha sido muy importante, y se calcula que cerca de un tercio de las plantas cultivadas ha tenido su origen en este continente[38].

---

[36] En el Viejo Mundo se conoce este periodo como *Neolítico*; se suele hablar de una *revolución neolítica* por el gran impacto que produjo sobre el desarrollo cultural la invención de la agricultura, la domesticación de animales y la elaboración de industrias asociadas, como la cerámica, los tejidos a telar y otras. La aparición de los metales en el Viejo Mundo fue más tardía, mientras que en América la metalurgia aparece en muchas partes simultáneamente con las innovaciones anteriores.

[37] Veáse Nota 7 .

[38] R. BEALS y H. HOIJER: *An Introduction to Anthropology*, 2ª ed., New York, 1959.

En el Norte Grande de Chile se notó hacia el final del segundo periodo preagroalfarero la presencia de grupos humanos con manifestaciones culturales diferentes a las conocidas a través de los conchales. Se diferenciaban por la forma de sepultar, por la preparación elaborada de momias, por el vestuario, siendo especialmente característicos los cubrecabezas en forma de turbantes, por el ajuar funerario mucho más rico y, en algunos casos, por la posición flectada que se daba a los muertos en la tumba. A los yacimientos que presentan estos rasgos se les denomina "Complejo Chinchorro". Esta gente, que se supone oriunda de la costa peruana, fue sucedida por otra parecida, conocedora ya de las técnicas agrícolas, cerámicas, textiles, metalúrgicas del oro y del cobre. Con ellos nos encontramos frente a los primeros pueblos agroalfareros a cuya cultura se ha dado el nombre de complejo Faldas del Morro[39].

El sitio-tipo se encuentra en Arica, en los faldeos del Morro. Este yacimiento, que no había rendido mucho material, se vio que formaba una unidad cultural con otros sitios: un cementerio en Pisagua, excavado por M. Uhle[40] a base del cual estableció en su cronología el periodo "contemporáneo con Proto-Nazca" o "con los monumentos de Chavin"; los cementerios excavados por J. Bird en Punta Pichalo y Junín[41]; los hallazgos en Conanoxa[42] en la Que-

[39] P. Dauelsberg: *Complejo Arqueológico Faldas del Morro*.
[40] M. Uhle: *Fundamentos Étnicos y Arqueología de Arica y Tacna*, Quito, 1922.
[41] J. Bird: *Excavations in Northern Chile*, óp. cit.
Ídem: "Cultural Sequence of the Northern Chilean Coast", *Handbook of Southamerican Indians*, vol. II, Washington, 1946.
[42] H. Niemeyer y V. Schiapacasse: "Investigaciones arqueológicas en las terrazas de Conanoxa, valle de Camarones, prov. Tarapacá", *Revista Univer-*

brada de Camarones, Caserones[43] en la quebrada de Tarapacá, Guatacondo[44]; los sitios de El Laucho y Alto Ramírez en Arica.

En todos ellos se observa un gran número de rasgos comunes, tales como la posición flectada del cuerpo, camisones tejidos, cobertores púbicos de flecos de lana, turbantes abultados de madejones de lana con adornos y los cuerpos sentados sobre esteras de totora o en grandes canastos. En algunos cementerios las tumbas estaban marcadas con gruesos postes de algarrobo; paños de lana multicolor entrelazada envolvían el cadáver, formando en algunos sitios, que se supone los más tardíos, verdaderos fardos. El ajuar consistía en gruesos paños de lana, tejidos a telar, tejidos recamados de plumas, sandalias de cuero, bolsas de lana y de cuero, husos para hilar, propulsores, arcos, hondas, cabeceras de arpones, anzuelos compuestos y *chopes* para mariscar en los sitios costeros, puntas lanceoladas, brochas o escobillones de fibras vegetales, mantas de cuerpo de aves marinas o de vicuñas. Tenían recipientes de calabazas, cucharas de madera, tabletas y tubos para aspirar rapé; algunas pocas piezas de cerámica simple y figuritas de arcilla. Entre los adornos había orejeras, collares de cuentas de hueso, piedra y concha, penachos de plumas, objetos de hueso, punzones de madera con cabeza de resina e incrustaciones de piedras y pequeños objetos de cobre y oro. En algunas tumbas se encontró cestería en técnica de espiral, con y sin decoración, y también restos de maíz, de quínoa y algodón, lo que, aparte de las calabazas, muestra las actividades agrícolas de estas comunidades.

Un gran número de los rasgos culturales enumerados ya

sitaria, vol. 48, Santiago, 1964.

[43] Véase nota 17.

[44] C. Mostny: "La subárea arqueológica de Guatacondo", *Boletín del*

estaba presente en el complejo anterior de Chinchorro[45]; otros, como las tabletas para rapé, la cerámica, la metalurgia, los tejidos a telar, la agricultura, y los asentamientos permanentes en forma de aldeas, son rasgos nuevos, que tendrán su auge en las épocas venideras.

En el interior de la provincia de Tarapacá se han descubierto algunas aldeas donde vivían. Las más importantes son las de la quebrada de Guatacondo, donde ha sido excavado el sitio más grande (G-I) y en la quebrada de Tarapacá, el sitio de Caserones. G-I (Fig. 12) está situado en la ribera sur de la quebrada y consiste de una "plaza" central, de forma ligeramente ovalada de 40 x 47 m de diámetro, circundada por un muro de adobes; en su centro se encuentra un monolito, que es un bloque de transporte aluvial de 1,5 m de altura, de forma irregular. Alrededor de la plaza hay aproximadamente 110 recintos –habitaciones de planta circular en su mayoría, y corrales– construidos de adobes. Las casas consisten en general de un solo recinto, pero hay grupos de varias que se comunican entre sí. El piso se encuentra 60 a 80 cm bajo el nivel exterior y el techo, de capas de totora y barro, había sido sujetado por postes de algarrobo; en su interior se halló un número variable de pozos cilíndricos o ampollares, que servían para guardar la cosecha y una o varias piedras para moler con sus respectivas manos. En una casa en el extremo occidental de la aldea se encontró, embutida en la pared y modelada en barro, una cara humana de aproximadamente $^2/_3$ de tamaño natural.

Sobre toda la superficie del sitio se encontraban diseminados

Museo Nacional de Historia Natural, t. 29, N° 16, Santiago, 1970.

[45] L. NÚÑEZ, en su trabajo *Sobre los complejos culturales Chinchorro y Faldas del Morro en el Norte de Chile* (Rehue, 2, Concepción, 1969), elaboró un cuadro a base de 74 rasgos culturales de ambos complejos, cons-

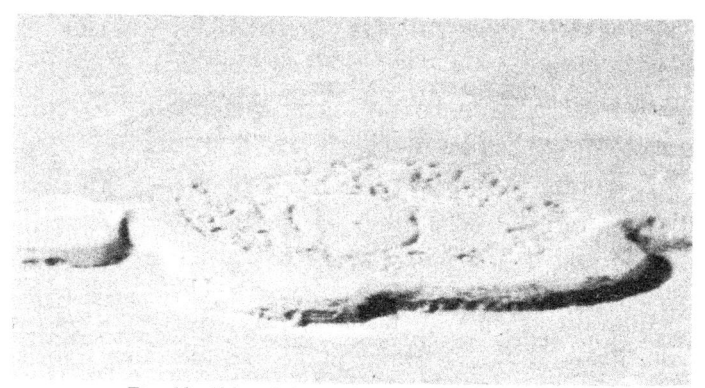

Fig. 12. Aldea G-1 en quebrada de Guatacondo.

fragmentos de cerámica sin decoración; de tejidos, canastos, cordeles, restos de maíz, porotos, calabazas y de otros vegetales; lascas trabajadas y sin trabajar. Utensilios líticos fabricados de núcleos de basalto y gran número de piedras para moler. En un recinto había un penacho de plumas de avestruz, igual a un adorno recogido en una tumba de un cementerio situado a poca distancia.

La aldea de Caserones es de mayores dimensiones. Está ubicada sobre la terraza principal del curso inferior de la quebrada de Tarapacá y consiste de 355 recintos que habían servido de habitaciones y bodegas, construidos de piedra, y la mayoría de planta rectangular con techos soportados por postes de algarrobo. La aldea está rodeada por un muro doble de defensa. Dentro de los recintos se encontraban restos de maíz, porotos, calabazas y de cerámica roja y ploma pulida. En el cementerio frente a la aldea han sido ubicadas 100 tumbas, marcadas por postes, con los cadáveres en posicion flectada, dentro de grandes canastos o cubiertos por ellos, ataviados de turbantes de lana, capas de pieles de vicuña y acompañadas con el mismo ajuar que caracteriza al complejo cultural Faldas del Morro[46].

En el sitio de Conanoxa, sobre una terraza de la quebrada de Camarones, las tumbas estaban marcadas por túmulos y su contenido coincide con las de Guatacondo y Caserones. De este yacimiento se posee una fecha radiocarbónica de 320 ± 70 a.C. Guatacondo (sitio G-I) data de 60 ± 90 d.C. y Caserones de 290 d.C. De los demás yacimientos no se dispone de fechas, pero se supone que el cementerio de El Laucho en Arica ha sido el más temprano y el de Alto Ramírez (Arica) el más tardío. Esto permitiría ubicar la iniciación del periodo agroalfarero temprano a mediados del primer milenio a.C. y su término hacia mediados del primer milenio d.C., cerca o coincidiendo con la fase IV de Tiahuanaco, llamada "clásica", que se hace sentir fuerte en las épocas siguientes.

El complejo Faldas del Morro parece haber estado presente también en las dos capas superiores del conchal café de Punta Pichalo[47], en las cuales hubo evidencias de agricultura y cerámica. En estos últimos se distinguen tiestos de superficie roja y negra pulida, que encontramos nuevamente en otro contexto temprano, el de San Pedro de Atacama.

Resumiendo las características del Complejo Faldas del Morro (Fig. 13) queda en claro que está fuertemente vinculado con el complejo anterior preagroalfarero de Chinchorro, con el cual comparte muchos rasgos culturales. Era gente

tatando que 45 (60,8%) son comunes a ambos.

[46] Agradezco al prof. L. Nuñez la autorización para utilizar datos que me ha proporcionado gentilmente.

[47] J. BIRD, óp. cit. De los diferentes periodos representados en los conchales de Punta Pichalo, Pichalo I y II corresponden al preagroalfarero, Pichalo III y IV al agroalfarero. Pichalo III se encontró en las capas superiores del conchal café, Pichalo IV en el conchal negro y corresponde a culturas

Lám. I.
Tumba de San Miguel de Azapa.

Lám. II.
Cerámica "Pocoma".

66

Lám. III.
Cerámica "Gentilar".

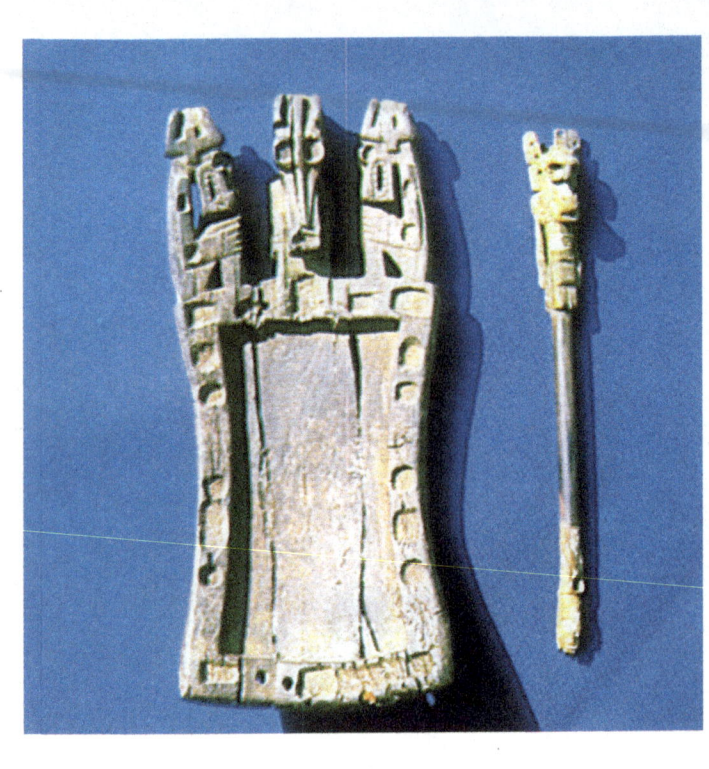

Lám. IV.
Tableta y tubo para rapé.

Lám. V.
Diaguita I, escudilla.

Lám. VI.
Momia del cerro El Plomo.

Lám. VII.
Figurita de plata del cerro El Plomo.

Lám. VIII.
Máscara de puma (madera).

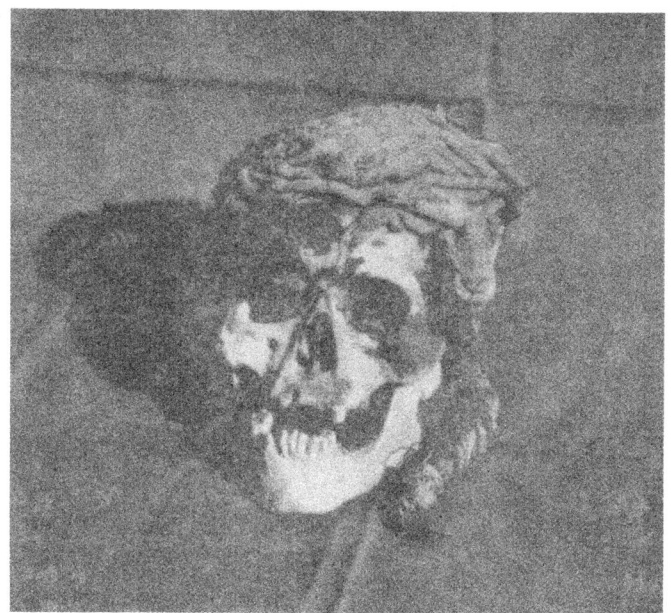

Fig. 13. Complejo Faldas del Morro: momia con turbante.

que paulatinamente abandonó la economía de caza, pesca y recolección para dedicarse al cultivo, a la fabricación de cerámica y a otras actividades asociadas, y que edificó aldeas para vivir en ellas la mayor parte del año.

En el siguiente periodo se notan, en los sitios agroalfareros de la región de Arica, nuevas influencias, que esta vez proceden del altiplano boliviano, donde floreció la cultura de Tiahuanaco. Los sitios que pertenecen a la esfera de influencias tiahuanacoides son los de Cabuza, Loreto Viejo, Chiza, Charcollo, Las Maitas, Sobraya y Chiribaya[48]. Se caracterizan por cerámica de factura cuidadosa (salvo

tardías.

[48] P. Dauelsberg: "Algunos problemas sobre la cerámica de Arica", *Bo-*

Charcollo) de fondo rojo bruñido y engobado, sobre el cual se aplicaban motivos geométricos en color negro y rojo, muchas veces con los campos de color delineados en blanco (Fig. 14). Las formas son de *keros* —vasos altos, de fondo plano, cuyas paredes se ensanchan hacia la boca, a veces decorados con lagartos que se asoman por el borde del recipiente— de jarros de un asa, con una protuberancia cerca del punto de unión con la boca, de recipientes de cuerpo globular con cuello corto, y escudillas de diferentes formas. En las tumbas se encuentran los cadáveres en posición encuclillada, envueltos en mantas y amarrados con fajas y cordeles, formando un fardo funerario, vestidos con camisones bordados por los lados y en la cabeza gorros en tejido de malla tupida con cuatro pequeñas puntas. Otros cubrecabezas, de forma parecida, están hechos con anudado de lana multicolor, que forma dibujos geométricos, en una técnica muy parecida a la de las alfombras persas. Otro tipo es de forma tronco-cónica, fabricado de un armazón de palitos delgados revestidos con hilos de lana de diferentes colores para formar los mismos dibujos. Aparte de la cerámica, acompañan a los muertos bolsas de lana tejida, igualmente decoradas con motivos geométricos —muchos de ellos figuras escalonadas—, mantas recamadas de plumas, cucharas de madera, puntas de flechas, etc. En una tumba se encontró una máscara o adorno hecho de la piel de la cabeza de un puma. La fase clásica de Tiahuanaco tuvo su florecimiento en el altiplano entre el quinto y séptimo siglo d.C. (400-600) y se supone que las influencias derivadas de esta cultura se hicieron sentir en el norte de Chile durante el último tercio del primer milenio d.C. No existen fechas de C-14 para este periodo.

Tiahuanaco había sido un importante centro religioso cerca

Fig. 14. Cerámica chiribaya de influencia tiahuanacoide, Arica.

del lago Titicaca, que logró influenciar no solamente el norte de Chile, sino tambien gran parte del Perú. Después de su ocaso, que se produjo por razones desconocidas, los pueblos de la región de Arica siguieron un desarrollo local e independiente y una de las culturas que allí se formó fue la de San Miguel, llamada así por el sitio-tipo de San Miguel en el valle de Azapa[49]. Existen cementerios con tumbas de forma cilíndrica, a veces con nichos o pequeñas cámaras laterales. Los cuerpos encuclillados están envueltos en camisones y paños, generalmente de color oscuro y amarrados con sogas o metidos en redes de totora; en la cabeza tienen pequeños gorros tejidos en forma de calota, en tejidos de punto o cubrecabezas en forma de fez con un penacho de plumas. Están acompañados de bolsas ricamente decoradas con motivos geométricos, antropo y zoomorfos; las mujeres tienen en su ajuar implementos para tejer, y los hombres utensilios de pesca, balsas en miniatura, arcos y flechas. El ajuar incluye

letín N° 5, Museo Regional de Arica, Arica, 1960.

[49]Lo que ahora se designa como San Miguel ha sido llamado por Uhle

además sandalias, cestería, esteras, calabazas, cucharas y cajitas de madera, grandes jarrones de base cónica, cuerpo globular y cuello estrecho, con dos asas, jarros de un asa, *keros* y pequeños recipientes globulares, que parecen ser imitaciones de calabazas en greda. En todos ellos la decoración está aplicada sobre un fondo engobado de blanco que consiste en líneas paralelas y quebradas con espirales, líneas escalonadas y círculos pintados en rojo y negro. Se encontraron en las tumbas, también, objetos de cobre (Lám. I). La fase de San Miguel está, además, representada en las capas inferiores de los conchales de La Lisera (Arica), en el conchal negro de Punta Pichalo, en los cementerios de Taltal y en las quebradas y valles que suben de la costa hacia el interior. Para Arica, las fechas radiocarbónicas indican su florecimiento entre 1.050 y 1.350 d.C.

A la fase de San Miguel sigue la de Gentilar[50]. Su contenido cultural es muy parecido a la anterior, y se evidencian algunos cambios en la cerámica y la aparición de algunos rasgos nuevos, entre los cuales llaman la atención capachos construidos de tres palos cruzados, que se llevaban en la espalda mediante una faja tejida que pasaba por la frente del portador. La cerámica se distingue por jarros de cuerpo globular, base plana y un asa y variaciones de esta forma; tienen la superficie cubierta de un engobe rojo sobre el cual se aplicaban dibujos geométricos, antropo y zoomorfos, en negro, rojo y blanco, en tal profusión que cubren la superficie como un tapiz (Lám. III). Otras formas son pequeños recipientes globulares, keros y escudillas. Es una cerámica muy acabada,

---

periodo atacameño indígena y por Bird *Arica I.*

[50]La designación "Gentilar" reemplaza a la de "Chincha-atacameña" de Uhle y la de "Arica II" de Bird. Entre San Miguel y Gentilar hubo una

que demuestra gran maestría técnica y artística. Se ha encontrado en las capas superiores del conchal de La Lisera, en el conchal negro de Punta Pichalo, en los cementerios de Taltal y en algunos yacimientos en el interior. Su distribución corresponde aproximadamente a la de San Miguel.

El periodo siguiente se caracteriza por su cerámica de fondo rojo con decoración negra; se la ha encontrado en Saxamar y Chilpe en el interior de Arica. Consiste preponderantemente de escudillas bajas de fondo rojo, engobado en las de Saxamar, corriente en las de Chilpe, sobre el cual se han pintado en negro pequeñas figuritas de llamas muy estilizadas, líneas onduladas, semicírculos, espirales y cruces. Es un estilo tardío, contemporáneo con el incásico o inmediatamente anterior a él.

La ocupación incásica también ha dejado sus huellas en la región de Arica, sobre todo en el interior, en forma de aríbalos[51], escudillas muy planas con cabezas de aves modeladas en el borde, y la inclusión de motivos foráneos en el estilo local.

Pasando revista al desarrollo agroalfarero en la provincia de Tarapacá, aparece como primera manifestación cultural una fase temprana o inicial, que corresponde al complejo Faldas del Morro que se desarrolló, probablemente, del anterior precerámico de Chinchorro, con una extensión temporal que abarca desde la segunda mitad del último milenio antes de nuestra era hasta mediados del primer milenio d.C. A él pertenecen los pueblos sedentarios del interior, que han dejado sus aldeas en las quebradas de Tarapacá y Guatacondo. En Arica fue reemplazado en la segunda mitad del mismo milenio por fases culturales que acusan fuertes influencias llegadas del altiplano boliviano, donde florecía la cultura de

corta fase de transición, llamada *Pocoma* (Lám. II).

Tiahuanaco[52], que son las fases de Charcollo y Las Maitas. Desaparecidas éstas, se hacen presentes en su lugar las fases de San Miguel y Gentilar, la primera ligeramente anterior a la segunda, aunque coexistieron durante algún tiempo. Las últimas manifestaciones culturales precolombinas corresponden al horizonte Inca, que posiblemente fue precedido durante corto tiempo por una fase de cerámica bicroma (negro sobre rojo), que encuentra su expresión en los estilos de Saxamary Chilpe.

Este desarrollo cultural se puede observar con mayor claridad en la zona de Arica. Más al sur, en la región de Pisagua, el cuadro cultural era parecido, aunque faltan todavía pruebas de la presencia de los horizontes de Tiahuanaco e Inca. Parece que estas influencias se hicieron sentir ante todo en el interior, sin llegar hasta la costa misma, pues faltan también en los yacimientos costeros de Arica.

En Taltal las capas agroalfareras están ausentes en los conchales; en cambio, existen abundantes cementerios, en los cuales se encuentran representadas las fases de San Miguel, Gentilar e Inca, pero falta otra vez la de Tiahuanaco. Por otro lado, se ha encontrado una cerámica negra pulida, que desconcertó por mucho tiempo a los arqueólogos hasta que las excavaciones realizadas en San Pedro de Atacama arrojaron nueva luz sobre ella[53].

La hoya del río Loa y el salar de Atacama también han

[51] Véase Fig. 32.

[52] Debido a la gran área que abarcan las influencias de Tiahuanaco y las posteriores incásicas, se habla de *horizontes* de Tiahuanaco e Inca.

[53] R. Latcham: "La alfarería negra de la región atacameña", *Revista Universitaria*, vol. 12, Santiago, 1927.

Gustavo Le Paige: "San Pedro de Atacama y su zona", *Anales de la*

sido asentamientos de pueblos agroalfareros, que reemplazaron a los anteriores cazadores y recolectores. Es una región de oasis en el desierto, en donde la cuenca más grande es la del río Loa. San Pedro de Atacama goza igualmente de áreas verdes susceptibles de cultivo, que pueden considerarse como extensas en comparación con el cuadro ecológico general del Norte Grande. Así, se encuentran desde temprano –desde principios de la era cristiana o antes quizás– pueblos dedicados al cultivo del suelo en estos parajes. Ha sido un punto obligado de abastecimiento para todos los que viajaban hacia el norte y sur o desde el Pacífico hacia el altiplano y regiones transandinas. Por eso se concentran allí influencias culturales llegadas de todas partes, que, a su vez, formaron una riquísima cultura local y regional.

Esta cultura se llama "Complejo Cultural San Pedro de Atacama"[54] y reemplaza para esta región la anterior designación cultura atacameña. A través de su largo desarrollo pasó por diferentes fases, sin perder nunca la continuidad de sus manifestaciones que la caracterizan como una unidad. La cerámica, que siempre es un indicador sensible de cambios culturales, se presenta con ciertos rasgos inconfundibles y permanentes a través de todos los siglos de existencia de la cultura de San Pedro: es una cerámica de superficie pulida, pintada y engobada. Las formas principales son recipientes de cuerpo globular, con cuello estrecho y un pequeño labio evertido, a veces con una cara humana en el cuello y peque-

Universidad del Norte, N° 4, Antofagasta, 1965.

[54] En 1963 se celebró en San Pedro de Atacama el Segundo Congreso Internacional de Arqueología Chilena, que se dedicó especialmente al estudio de la prehistoria de esta región. Sus resultados han sido publicados en los *Anales de la Universidad del Norte*, N° 2, Antofagasta, 1963. MARIO ORELLANA: *La cultura de San Pedro*, Centro de Estudios Antropológicos,

ñas orejas perforadas; recipientes de forma esbelta, cilíndrica o de tronco cono invertido con un asa colocada verticalmente a la mitad de altura del cuerpo; escudillas de boca ancha y jarros de cuerpo globular (Fig. 15).

En la fase San Pedro I predomina una cerámica roja pulida (San Pedro Rojo Pulido) que se ha encontrado en yacimientos donde hay superposición de tumbas, como por ejemplo en el ayllu de Larrache[55] en el nivel inferior, a 3 o 4 m de profundidad. Los cadáveres estaban en posición acuclillada, envueltos en mantas y con camisones. En su ajuar se encontraban arcos y flechas, hachas de piedra y cobre, anillos y brazaletes del mismo metal, espátulas de hueso, rompecabezas de piedra pulida, bolsas tejidas y, como rasgo todavía excepcional, tabletas para rapé. Aparte de la cerámica roja pulida hay otras piezas, pintadas en dos o tres colores (negro sobre fondo crema; rojo, negro y blanco sobre fondo blanco) y aparece la forma de *kero*. También se han encontrado adornos y objetos de oro, collares de cuentas de malaquita y algunos objetos de estaño; esto último indica ya influencias llegadas del altiplano, que alcanzarán su culminación en la fase siguiente. Aparte de la cerámica decorada, sea por engobe o por pintura, existía también alfarería de uso corriente o hacia el final de San Pedro I aparecen en las tumbas otros tipos de cerámica: al lado de la roja pulida se presentan piezas

Publicación N° 17, Universidad de Chile, Santiago 1963.

[55] La región de San Pedro de Atacama sigue aplicando los nombres de ayllus a sus diferentes distritos. Véanse el mapa y la lista de yacimientos arqueológicos en el trabajo de G. LE PAIGE: "Continuidad o discontinuidad de la cultura atacameña" en *Congreso Internacional de Arqueología de San Pedro de Atacama, óp. cit.*

El ayllu (*ayllo*) es una comunidad de algunas familias, que vive en un área restringida y es regida por un jefe. En tiempos incásicos era un grupo de parientes, que poseían en común un terreno que cultivaban según sus

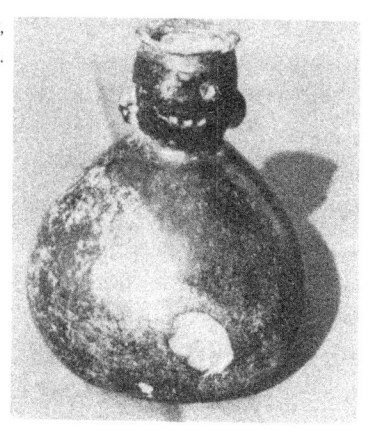

Fig. 15. Cerámica negra, San Pedro de Atacama.

negras pulidas y otras, tanto de superficie roja como negra pulida, que lucen decoración incisa. Pertenecen a una fase de transición hacia San Pedro II.

Donde hay superposición de tumbas en los cementerios, las pertenecientes a San Pedro II se encuentran aproximadamente a 2,5 m de profundidad, encima de las de la fase I. En ellas se observa el pleno desarrollo de la cerámica negra pulida y de la negra y roja pulida e incisa. Los motivos que se aplican giran alrededor de un terna principal, la llama (Fig. 16), que aparece en todas las gamas de estilización, a veces hasta tal grado que es casi imposible reconocer el sentido original del motivo. En algunos cementerios, como el de Checar (*Tchecar*), Quitor-5 y otros, esta cerámica está asociada con vasos en forma de *kero*, decorados con rojo, negro y blanco y motivos escalonados, que son de indudable influencia tiahuanacoide. Las momias están envueltas en varias capas de tejidos, formando fardos; en la cabeza tienen muchas veces gorros hechos de piel de auquénidos, están adornadas con collares de cuentas de malaquita u otra piedra vistosa, tienen aros, anillos, brazaletes, placas pectorales de cobre, oro y estaño. Las acompañan arcos

Fig. 16. Cerámica negra incisa, San Pedro de Atacama.

y flechas, hachas enmangadas de piedra, cobre, estaño y hasta de oro, largas pipas de greda, calabazas pirograbadas, cestería decorada con motivos geométricos en varios colores, ovillos de lana, mantas, bolsas, paños hechos de lana de auquénidos, cajitas de madera para guardar pigmentos, cucharas, espátulas, tabletas y tubos de rapé (Lám. IV) y muchos otros objetos más. La decoración, tanto de las calabazas como de las tabletas, demuestra fuertes influencias de Tiahuanaco; la mayoría de las tabletas es de forma rectangular, con uno de los lados angostos alargados en forma trapezoidal y decorado con motivos tiahuanacoides o con una a cuatro figuras esculpidas; las figuras más representadas corresponden a seres humanos, a veces con máscara de felino, al felino (puma) mismo, al cóndor o, con menos frecuencia, a serpientes u otros animales[56]. Las tabletas, que se encuentran casi siempre asociadas con tubos de hueso

necesidades.

[56] L. Núñez: *Problemas en torno a las tabletas de Rapé*, en Congreso Internacional de Arqueología de San Pedro de Atacama, *óp. cit.* G. Mostny: "Máscaras, tubas y tabletas para rapé y cabezas trofeos entre los atacame-

o madera, con espátulas y pequeños recipientes, existen desde tiempos tempranos en los yacimientos arqueológicos del complejo Faldas del Morro en la provincia de Tarapacá, donde se presentan en pequeño número, pero faltan casi por completo en yacimientos posteriores de aquella zona. En cambio hay una notable concentración en la región del río Loa y salar de Atacama y en las altitudes correspondientes transandinas de Argentina. Se ha encontrado unos pocos ejemplares hechos de piedra en Tiahuanaco y su uso continuo (con tabletas muy simplificadas) hasta tiempos históricos en la región amazónica. En el tubo acompañante está representada, muy a menudo, una figura humana con atributos felinos, que tiene en su derecha un hacha y en su izquierda una cabeza cortada. Volveremos a hablar de tubos y tabletas más adelante.

Para la fase San Pedro II se dispone de una fecha radiocarbónica, que indica el año 260 d.C. como un momento de su existencia. Esta fecha es sorprendentemente temprana, ya que las indudables influencias de la cultura de Tiahuanaco (400-600 d.C.) hacían esperar una edad menor. Es éste uno de los tantos problemas de la prehistoria chilena que quedarán por resolver en trabajos futuros[57].

Aparte de las influencias llegadas del altiplano boliviano, se hacen presentes, durante la fase San Pedro II, contactos e influencias procedentes del noroeste argentino. Así se encontraron piezas que acusan influencias de las culturas de Ciénaga, Candelaria y Condorhuasi, todas ellas también poseedoras de cerámica negra pulida e incisa; para Condorhuasi

ños", en *Miscellanea Paul Rivet*, México, 1958.

[57] La primera fecha de C-14 que se obtuvo para la cultura de San Pedro, de 311 d.C. ha sido originalmente atribuida a los principios de la fase I; pero la poca claridad del contexto de esta muestra –madera de algarrobo– y la segunda fecha de 260 d.C. obtenida de una muestra de la fase II, indican

es además típica una cerámica tricolor, de fondo rojo con decoración pintada en rojo, negro y blanco, que representa a un hombre gateando y que ha sido encontrada en una tumba de la fase II en un cementerio del ayllu de Coyo.

La fase San Pedro III presenta nuevos cambios en la cerámica. Las piezas negras pulidas e incisas disminuyen y desaparecen paulatinamente y se hace presente una cerámica de fondo rojo-violáceo, que finalmente predomina. Se la encontró en ciertas partes de los cementerios de Quitor y Solor y se la ha hallado diseminada en fragmentos entre las construcciones del pucará de Quitor. Disminuye también rápidamente el número de tabletas y tubos para rapé. El pucará de Quitor[58] es una aldea fortificada, rodeada por un muro de defensa, que domina el valle del río San Pedro desde los faldeos de un cerro. Sus construcciones son de piedra y consisten de pequeños grupos de recintos de una o dos piezas con sus graneros, que eran fáciles de defender en caso de ataques. Las casas tenían techos planos o ligeramente inclinados, de totora y barro, y en el piso se encontraban pequeños subterráneos para guardar la cosecha o para sepultar a los muertos. Es posible que las habitaciones usuales de la gente fueran pequeños ranchos de material ligero, cerca de sus campos de cultivo y que se retiraran detrás de los muros del pucará sólo por razones de defensa. Otras aldeas fortificadas se encuentran en Lasana (Fig. 17), cerca de Calama y en Turi, en las vegas del mismo nombre. Todas están situadas sobre promontorios o en las laderas de cerros de difícil acceso; son edificadas de piedra y rodeadas de un potente muro de circunvalación. Se distinguen en ellas angostas ca-

más bien que ambas, salvo error de fechado, pertenecen a la segunda fase.
[58] G. MOSTNY: "Ciudades atacameñas", *Boletín del Museo Nacional de*

Fig. 17. Pucará de Lasana, valle del río Loa (Foto de Roberto Montandón).

lles y plazoletas y en Lasana la estrechez del espacio disponible dentro del recinto fortificado obligó a construcciones sobre diferentes niveles, donde el acceso a una casa muchas veces estaba por encima del techo de otra, por lo cual se llegaba, en algunos casos, a la construcción de casas de dos pisos. Aparte de los pueblos fortificados, existían también aldeas abiertas o "pueblos viejos", que se distinguen de las anteriores por carecer de muro de defensa y construcciones más desparramadas. Todas ellas parecen pertenecer a un periodo tardío y haber sido construidas poco antes de iniciarse el periodo incásico y haber estado en uso durante aquél. El aporte incásico consistía en construcciones de adobe y el empleo de techos de dos aguas. Un ejemplo de una aldea abierta es Zapar, en el camino entre San Pedro de Atacama y Toconao. Cerca de las aldeas se encontraron los campos agrícolas, dispuestos en forma de terrazas o andenes.

La fase San Pedro III parece haberse iniciado sólo inmediatamente antes de la ocupación incásica de la región y haber seguido durante aquel periodo hasta la conquista europea. Son testigos de la invasión de los incas los nuevos tipos de cerámica, traídos por aquéllos e imitados por los subyugados. Todavía era fuerte la tradición anterior y se han encontrado en las sepulturas ceramios de formas incásicas, elaborados con la antigua técnica. Al lado del patrón artístico tricolor de los incas se fabricaban jarritos y aríbalos de superficie negra pulida.

Resumiendo el desarrollo prehistórico de los cultivadores de San Pedro de Atacama y alrededores, se ve que, igual que en las regiones de más al norte, los primeros siglos de la era cristiana los encuentran ya instalados entre sus campos de cultivo y con sus manadas de llamas.

Una cerámica muy parecida a la de ellos se ha encontrado

en Tafí del Valle (prov. de Córdoba, Argentina)[58a], que floreció a principios de la era cristiana y en Chullpa-Pampa, en
Bolivia. Tafí del Valle, en su primera fase, posee cerámica roja
pulida y, en la segunda, cerámica negra pulida; en Chullpa-
Pampa ambos tipos se encuentran coetáneamente. Tanto Tafí
como Chullpa-Pampa han entregado pipas de barro y hachas
de piedra, iguales a las de San Pedro de Atacama. Hay que
recordar en conexión con esto la cerámica roja y negra pulida, que hace su aparición en los conchales de Punta Pichalo
(Pichalo III) y los cementerios con cerámica negra pulida de
Taltal, Calama y otros lugares. Hay que tener presente también la cerámica negra pulida con motivos incisos de Ciénaga (también allí se graba en las escudillas la llama o el felino
estilizado), la cerámica negra y modelada de Candelaria y,
sobre todo, la de la cultura de Condorhuasi. Todas ellas se
desarrollan en el noroeste argentino en la primera mitad del
primer milenio poscristiano. La cultura de Condorhuasi floreció alrededor de 350 d.C. Posee cerámica de rojo-blanco-
negro —combinación cromática que siempre se repite en la
región andina— y otra que luce motivos negros o rojos sobre
fondo claro; también posee cerámica negra pulida e incisa y
cerámica modelada en forma de animales y hombres. Si por
un lado resalta el parecido de la cerámica de Condorhuasi
con la de San Pedro de Atacama, este parecido es más fuerte
todavía y llega hasta la identidad de ciertas formas en la cultura de El Molle en los valles transversales de Chile. A través
de las culturas tempranas del noroeste argentino se pueden
establecer nexos que conducen por un lado a la región del

Historia Natural, t. 24, Santiago, 1948.
[58a] A. Rex González: *Las tradiciones alfareras del periodo temprano
del N. O. argentino y sus relaciones con las áreas aledañas*, en Congreso

río Loa medio y del salar de Atacama y finalmente a la costa de la provincia de Antofagasta y, por el otro, a la región de los valles de las provincias de Atacama y Coquimbo, donde se estableció la cultura de El Molle.

2.2. LOS VALLES TRANSVERSALES

Encima de las últimas capas pertenecientes al periodo pre-agroalfarero en los valles transversales de las provincias de Atacama y Coquimbo se han encontrado estratos ceramíferos que contenían fragmentos de alfarería roja pulida y negra pulida[59], sin decoracion o con motivos geométricos incisos. Ellos pertenecen a la cultura de El Molle, llamada así por el sitio-tipo descubierto en 1938 por Francisco L. Cornely[60] en el valle de Elqui. En ese entonces se pensó que se trataba de un enclave cultural reducido, en una región que hasta entonces había sido conocida únicamente como territorio de la cultura diaguita; a través de investigaciones posteriores se vio que no sólo ocupaba esta cultura nueva la misma área que la diaguita, sino que su expansión era mucho mayor, formando parte de un verdadero horizonte cultural.

Por la posición de sus restos en yacimientos estratigráficos, inmediatamente encima de las capas preagroalfareras, quedó comprobado que los forjadores de la cultura de El Molle

Internacional de Arqueología de San Pedro de Atacama, 1963.

[59] Aunque se suele hablar de cerámica negra, existen todas las tonalidades de gris, lo mismo que en la cerámica roja este color se da en todas sus gamas.

[60] F. L. CORNELY: *Cultura Diaguita Chilena y Cultura de El Molle*, Ed. del Pacífico, Santiago, 1956.

JORGE IRIBARREN: "Culturas precolombinas en el Norte Medio, Precerámica y Formativo", *Boletín del Museo Nacional de Historia Natural*, 30, eran el primer pueblo de agricultores en ocupar la región, combinando, al principio, el cultivo con actividades de caza y recolección, para transformarse, en el curso de su desarrollo, en agricultores plenos y formar parte de un horizonte agro-alfarero temprano[61].

Su desarrollo local se divide en dos fases, llamadas Molle I o Inicial y Molle II o Avanzado. El Molle I se caracteriza por su cerámica de superficie negra y roja pulida, de formas esbeltas, altas, de fondo plano, a veces con una base anular y en general sin asas o con pequeñas orejas perforadas (Fig. 18). Cuando se aplican motivos decorativos ellos son incisos, de formas geométricas: líneas paralelas quebradas, chevrones, figuras escalonadas, y la zona preferida para su aplicación es la del cuello o de la parte superior del cuerpo. Una sola pieza, que se conoce de un cementerio de El Molle I es zoomorfa –probablemente un auquénido– con decoración negra, pintada sobre fondo rojo.

La cerámica de la fase avanzada de El Molle es mucho más variada. Siguen los tipos de la fase precedente, en especial el negro pulido inciso (Fig. 19) con las incisiones muchas veces re-

Santiago, 1969.

[61] Evitamos conscientemente llamarla cultura *formativa*, porque esta expresión es ambigua; ha sido acuñada por G. WILLEY y PH. PHILIPS para designar un estadio cultural durante el cual se formaban las bases de una subsiguiente cultura alta y en consecuencia no es aplicable sino para América Nuclear, pues en otras partes del continente –en Chile por ejemplo– no se ha desarrollado nunca el estadio *clásico* (en la nomenclatura de Willey y Philips o de altas culturas). Por eso no consideramos lícito aplicar una designación, que ha sido definida claramente, para casos donde no existen las condiciones *sine qua non*, o sea, todos los elementos estipulados (centros ceremoniales, entre otros) y el siguiente estadio clásico. El mismo Willey, en una publicación posterior (*Introduction to American Archaeology*, vol. I, *óp. cit.*) ha abandonado esta designación por encontrarla demasiado restringida y válida sólo para una pequeña parte de la

Fig. 18. Cerámica El Molle I.

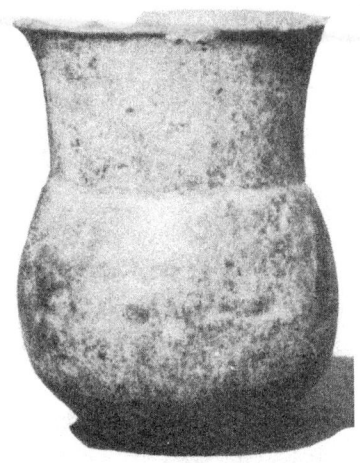

llenadas con pigmento blanco. Entre las formas nuevas preponderan las de cuerpo globular, base plana, asa hueca y un gollete; formas con dos golletes y asa en estribo (en este caso un gollete está cerrado por un disco cribado); formas que imitan frutos, animales y hombres (biomorfas); recipientes de fondo color crema o ante, sobre el cual se han aplicado motivos pintados de rojo (una variedad que existe también en la cultura de Ciénaga transandina y San Pedro de Atacama); el tipo *zonal poscocido*, en el cual se aplica a zonas delimitadas por líneas grabadas con pintura roja o verde después de la cocción de la pieza, y, finalmente, cerámica con pintura negativa, que resultó al cubrir el fondo rojo del recipiente con una capa de otro color, reservando en ella sólo las áreas que debían formar los motivos decorativos. Los motivos rojos sobre fondo claro del tipo bicolor representan figuras zoo-morfas —quizás auquénidos— esquematizadas, que reaparecen, completamente geometrizadas, en un motivo escalonado característico tanto de la cerámica incisa como de la de

Fig. 19. Cerámica El Molle II.

Condorhuasi y del Cuarto estilo local[62]. Como se ha visto, varios elementos que se combinan en la cerámica de El Molle pueden derivarse con bastante facilidad de las culturas agroalfareras tempranas del noroeste argentino; pero hay elementos que faltan en aquella región transandina, como ser el asa estribo, el asa puente, la pintura poscocción, y que en cambio existen en las culturas tempranas agroalfareras del Perú y que insinúan influencias llegadas de la costa peruana, reforzando el carácter complejo de la cultura de El Molle.

Otro elemento característico para la cultura de El Molle es el tembetá (botoque, bezote), un adorno que se introducía en una perforación practicada para este fin debajo del labio

prehistoria americana.

[62] G . Mostny:"Un nuevo estilo arqueológico", *Boletín del Museo Nacional de Historia Natural,* t. 20 y 22, Santiago, 1942 y 1944; A. Serrano:

inferior. Se fabricaba de piedra, preferentemente de hermosos colores, y consiste de una delgada plaquita curva, que se amoldaba a las encías y de cuyo centro sobresale un botón, cilindro o espiga botelliforme, que traspasa el labio (Fig. 20); se los ha encontrado también hechos de greda. El tembetá es un rasgo cultural de distribución muy amplia; ha sido usado entre pueblos prehistóricos y actuales de África, Asia y América y tenía muchas veces, aparte de su valor decorativo, un significado social, que variaba según los pueblos que lo usaban[63]. Se lo ha encontrado también en San Pedro de Atacama y en Condorhuasi y en tiempos históricos entre las tribus amazónicas (botocudos, etc.) y chaqueños.

Entre el ajuar mortuorio que corresponde a la fase I se han encontrado pipas para fumar (Fig. 21), que se componen de dos brazos, uno de ellos perforado y en comunicación con un hornito central[64]; la mayoría está hecha de piedra talcosa y aunque son relativamente frecuentes en el Molle Inicial, no se han encontrado hasta ahora en yacimientos de El Molle Avanzado, lo que puede deberse a la casualidad.

La metalurgia era bien conocida en ambas fases. El cobre fue trabajado por procedimientos de fundición y martillaje, fabricándose pinzas para depilar, brazaletes, anillos, pendientes en forma de placas rectangulares (excepcionalmente de otras formas) durante la primera fase y añadiéndose en la segunda el trabajo de oro y plata y las técnicas de laminado, trefilado, repujado y aleación. En ambas fases se usaban también adornos de nácar, cuentas discoidales de concha –un collar se componía de 1.500 disquitos–, cuentas tubulares de

Manual de la cerámica indígena, 2ª ed. Córdoba, 1966.

[63] J. IRIBARREN: "El bezote o tembetá y su dispersión geográfica", *Revista Universitaria*, vol. 33, Santiago, 1948.

[64] Se suele designarlas también "pipas en forma de *T* invertida" (Fig. 21).

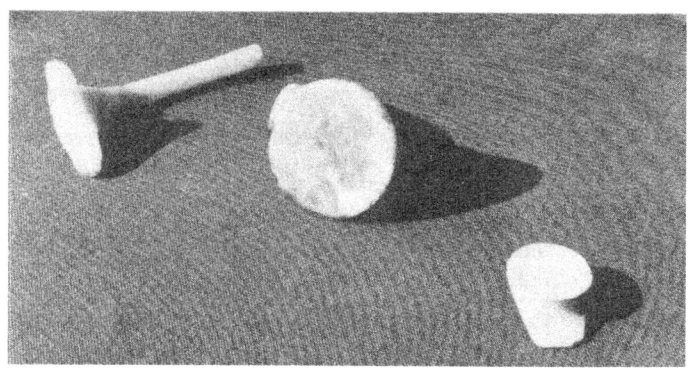

Fig. 20. El Molle: tembetás.

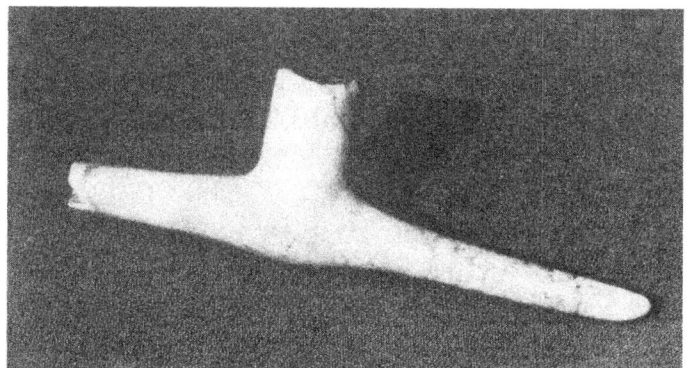

Fig. 21. El Molle: pipa.

hueso y adornos recortados de trozos de mica.

Una pieza única hasta ahora, encontrada en un yacimiento de El Molle II, es una figurilla de greda, que tiene modelada la cabeza con los detalles de la cara, el cuerpo sin brazos y con las piernas insinuadas.

Las sepulturas presentan algunos rasgos, que son únicos en las culturas precolombinas chilenas. En el sitio-tipo de El Molle las tumbas estaban marcadas por grandes ruedas de piedra rodada de río, y tenían un diámetro entre 1,5 y 6 m;

en las más grandes, la rueda tenía cerca de 5 cm de ancho y entre las piedras blancas que la formaban estaban colocadas intencionalmente algunas rojas; en el centro del círculo había otras piedras blancas y rojas, que en algunos casos formaban dibujos geométricos. Debajo de ellas estaba la excavación propiamente tal de la tumba que alcanzó hasta cerca de 2 m de profundidad y en su interior se hallaban los esqueletos de adultos –generalmente uno solo, a veces dos– rodeados por su ajuar. Entre el relleno de tierra se colocaba gran cantidad de piedras planas de río, algunas encima del esqueleto y su ajuar, otras formando verdaderos "emplantillados" debajo de la superficie. Los niños se sepultaban bajo la rueda de piedra, a mucho menor profundidad. En ningún otro yacimiento se ha encontrado una señalización de superficie tan elaborada como en los cementerios del sitio-tipo; en otros lugares había sólo sencillos círculos de piedra o pequeños túmulos de tierra y piedra. Lo que estaba presente en todos era la profusión de grandes piedras planas.

Yacimientos de la fase El Molle I se han encontrado, aparte de en las cercanías del pueblo homónimo, en los valles de Copiapó, del Huasco, de Hurtado (Turquía A), de Elqui, en la caleta de Arrayán, Combarbalá, etc. A la fase II corresponden cementerios en el valle de Hurtado (Turquía B y C), Cochiguaz, Alcoguaz, Combarbalá, etc.[65].

Se posee una fecha radiocarbónica a base de material procedente de un cementerio de túmulos en la quebrada del Durazno (Valle de Huasco) que pertenece a la fase inicial: indica 310 ± 90 d.C., es decir prácticamente contemporánea con la segunda fase de San Pedro de Atacama. Para la fase

---

[65] J. IRIBARREN: *Valle del río Hurtado. Arqueología y antecedentes históricos*, Ediciones del Museo de La Serena, Santiago, 1970.

avanzada existe la fecha de 665 d.C.[65a].

En la misma región, donde estaba asentada la gente de El Molle, aparecieron nuevos grupos humanos con una cultura diferente, aunque también alfareros y cultivadores. A esta cultura, Ricardo Latcham ha dado el nombre de *diaguita chilena* debido a las semejanzas con la cultura *diaguita argentina*, nombre con el cual se designó entonces a las culturas indígenas del noroeste de la nación transandina. Nos encontramos aquí con el mismo problema de nomenclatura que ya enfrentamos en el Norte Grande: el nombre de un pueblo histórico es aplicado a una cultura prehistórica, de la cual no se sabe quiénes han sido sus portadores. Mientras que el nombre *atacameño* ha sido reemplazado con éxito por los nombres de los sitio-tipos de aquella región, los prehistoriadores actuales aún no hemos encontrado una designación que nos parezca más expresiva para esta cultura de los valles transversales. Se han propuesto los nombres de cultura Coquimbo o cultura de La Serena sin mayor aceptación. Hemos preferido seguir usando el término de cultura Diaguita ya que este nombre no es tan sólo una designación étnica, sino también el de una aldea en el valle de Elqui, en donde se han encontrado restos de esta cultura. Manifestamos nuestra inconformidad por lo inadecuado de este sitio-tipo y esperando que algún día se encuentre un mejor nombre.

En ella se distinguen cuatro fases de desarrollo y se supone que habría llegado en la segunda mitad del primer milenio d.C., después de la gente de El Molle, porque en conchales y cementerios los restos diaguita se encuentran depositados

[65a] M. Rivera: "Nuevos enfoques de La teoría arqueológica aplicada al Norte Chico". *Actas del VI Congreso de Arqueología Chilena*, Santiago, 1972-73.

encima de aquéllos. Esta teoría está corroborada por una fecha radiocarbónica de 905 d.C. que corresponde a la primera fase de Las Ánimas con la cual se inicia la cultura diaguita[66].

Durante mucho tiempo las dos culturas coexistieron. Adoptaron de la cultura El Molle algunas técnicas y algunos motivos, pero nunca abandonaron su propio estilo tricolor para reemplazarlo por la cerámica monocroma o de decoración incisa, aunque fabricasen alfarería roja engobada y a veces usasen −especialmente en la fase I− el negro como color de fondo para pintar sobre él motivos de otros colores. Posiblemente aprendieron de El Molle el uso del cobre y, aunque las sepulturas no las marcaban en la superficie con un círculo de piedras rodadas, este *círculo* tomó forma rectangular al colocar las piedras como un marco alrededor del esqueleto dentro de la tumba.

A la fase Diaguita I pertenece un cementerio en el sitio Las Ánimas, en una quebrada lateral del valle de Elqui. Las tumbas son excavaciones rectangulares de 80 cm de profundidad y de un largo que hace suponer que el cuerpo no pudo haber sido colocado allí completamente extendido, sino con las piernas flectadas; estaba rodeado de piedras de río, colocadas a lo largo de las cuatro paredes. Los huesos han desaparecido debido a la humedad del suelo, lo mismo que los tejidos y vestidos con los cuales los cuerpos fueron sepultados; sólo restos de óxido de cobre parecen indicar pequeños adornos de ese metal que tal vez habían sido cosidos

---

[66] F. L. CORNELY dividió la cultura diaguita en las fases *arcaica*, de *transición, clásica* e *incaica*. De nuevo objetamos el uso de la voz "clásica" como antes el uso de la voz "formativa" y preferimos designar las diferentes fases con números.

M. RIVERA: "Nuevos enfoques de la teoría arqueológica aplicada al Norte Chico", *óp. cit.*

sobre las telas. Los acompañaba un ajuar de cerámica, tanto de tipo corriente de uso doméstico como decorado. Entre los primeros figuran recipientes asimétricos, de boca ancha, con un asa y el cuerpo desviado en dirección opuesta a ésta, que suele designarse como *jarro zapato* (Fig. 22) por su forma. Un tipo de cerámica engobada de rojo presenta forma de ollas y de escudillas, adornadas con protuberancias o asas en los bordes. En la cerámica pintada predominan las escudillas, rasgo que se mantiene a través de todo el desarrollo cultural diaguita, aunque con cambios en la forma y la decoración. Las escudillas o *pucos* de la fase I son semiesféricas y en general los dibujos van aplicados en su interior. Se usaban los colores rojo, blanco y negro; a veces el blanco es reemplazado por el amarillo, lo que tal vez se deba a efectos posteriores del ambiente sobre el pigmento blanco. Los motivos son o figuras de gran tamaño (Lám. V) o motivos geométricos que convergen hacia el centro del fondo, formando arreglos cruci y estrelliformes. A veces estos mismos dibujos cubren la superficie externa de las escudillas; otras, ésta luce solamente una delgada franja amarilla alrededor del borde. Aparte de

Fig. 22. Cultura diaguita: jarro zapato.

estas piezas, en una de las tumbas de Las Ánimas se encontraron dos recipientes grandes, de factura tosca, de cerca de 60 cm de alto. En el interior de uno se guardaban dos ceramios pequeños; el otro, de igual tamaño y dos asas, exhibía grandes dibujos. Se trata, probablemente, de precursores de las urnas de la fase III, que figuran entre los productos más hermosos de la cerámica diaguita; el primer tipo sigue en uso en la cultura diaguita con motivos geométricos aplicados directamente sobre la greda del fondo, sin enlucido, y se designa *cerámica burda pintada.*

Además de la cerámica se encontró en este cementerio un cincel o perforador de cobre y un objeto de piedra que, según la descripción de su descubridor, podría ser una parte del brazo perforado de una pipa del tipo de El Molle.

En excavaciones estratigráficas en algunos conchales de la costa, especialmente en Punta Teatinos, al norte de La Serena, se han encontrado figuritas antropomorfas de barro cocido, de forma plana, sin diferenciación entre cabeza y tronco, con los rasgos de la cara bien marcados, sin brazos y con las piernas poco desarrolladas[67] que pertenecen a la fase I.

En la fase II (*de transición*) se observa un cambio bastante profundo en el cuadro cultural diaguita; da la impresión de haberse emancipado y liberado de las influencias de la cultura de El Molle y experimentado un desarrollo propio, acelerado. Varios investigadores consideran a esta fase de muy corta duración, sólo una especie de introducción a la siguiente, a la fase III; sea esto efectivo o no, es sin duda sumamente

[67] J. MONTANÉ: "Figurillas de arcilla chilenas. Su ubicación y correlaciones culturales", *Anales de Arqueología y Etnología*, t. 16, Universidad de Cuyo, Mendoza, 1961.

J. MONTANÉ y H. NIEMEYER: "Arqueología diaguita en conchales de la costa", *Publicaciones del Museo de La Serena*, bol. 11, La Serena, 1960.

importante en el contexto del desarrollo cultural regional.

En el cementerio de Altovalsol, en el valle de Elqui, a pocos kilómetros de Las Ánimas, se encontró representada la fase Diaguita II. Las tumbas seguían siendo rectangulares, de mayor profundidad (aproximadamente 1,2 m) y el esqueleto estaba recostado con las piernas flectadas. En vez del alineamiento de piedras de río, se encuentran una o dos piedras lajas puestas de canto, ligeramente inclinadas sobre la cabeza y el cuerpo del muerto. En la cerámica corriente se sigue la forma asimétrica del jarro zapato y la de urnas sin decoración; en la cerámica decorada –muchas veces colocada dentro de recipientes rústicos para su protección– se nota un cambio en la forma de las escudillas: son menos profundas y muchas veces su mayor diámetro ya no está en la boca, que es ligeramente encogida (Fig. 22). La decoración ahora se aplica en una ancha franja alrededor del borde exterior y con este cambio de posición se modifican también los motivos. Muchos de los motivos nuevos parecen derivar del arte textil, aunque los tejidos no se han conservado, debido a la humedad del suelo. Las figurillas de greda de esta época, encontradas en el contexto estratigráfico de los conchales, son más redondeadas y con indicación de todos los miembros. Entre los pocos objetos de cobre figuran aros, cuchillos y cinceles.

La fase Diaguita III es el momento de culminación de esta cultura. Todo lo que había sido esbozado en las etapas anteriores llega a su pleno florecimiento.

Los cementerios, muy frecuentes y extensos, se componen de tumbas más anchas en la cabecera que en la parte opuesta, de 0,8 a 1,2 m de profundidad, forradas a veces enteramente por grandes piedras laja y cubiertas con otras. Dentro de estas verdaderas cistas el esqueleto está recostado, con las piernas flectadas y un ajuar abundante, en el cual están a veces incluidas una llama y cerámica de formas nuevas o evolucionadas, mejor ejecutadas.

La escudilla, que es el mejor indicador de estilo, sólo conserva el fondo curvado de los periodos anteriores. Ahora, las paredes son rectas, desprendiéndose del fondo en marcado ángulo; a veces la verticalidad de las paredes es exagerada y se inclinan algo hacia el interior o adoptan una forma ligeramente cóncava. La decoración, siempre una franja que cubre toda la pared, es sumamente minuciosa y los diferentes motivos entran de continuo en nuevas combinaciones (Fig. 23). El interior es generalmente engobado de blanco, mientras que el fondo exterior conserva el color rojo. Aproximadamente un 10% de las escudillas tiene la franja decorativa interrumpida para dar cabida a una cara antropo o zoomorfa con los rasgos pintados o modelados. A cada lado de la cara el borde de la escudilla se levanta en semicírculo; en el lado opuesto puede haber una pequeña protuberancia o una ligera depresión. Otra forma, que se anuncia en Dia-

Fig. 23. Diaguita II: escudilla.

guita I y II, es la de las urnas, que ahora alcanzan su apogeo. Ellas son de cuello cilíndrico ancho y cuerpo globular, con dos asas en la parte de su mayor diámetro. En el cuello casi siempre llevan pintada una cara humana y en el cuerpo los motivos geométricos usuales (Fig. 24); pero hay algunas que se distinguen por otro tipo de motivos: figuras escalonadas negras, delineadas de blanco, que son las mismas que se encuentran aplicadas en la cerámica de Condorhuasi tricolor, que a su vez está emparentada con la de El Molle, como ya se dijo más adelante. La aplicación de estos motivos tempranos en la cerámica Diaguita III es una de las razones que nos hacen creer en la supervivencia del horizonte a que pertenece El Molle hasta los tiempos tardíos, inmediatamente anteriores al horizonte incásico.

Otro tipo de cerámica es la llamada *totémica*. Se trata de recipientes zoo y antropomorfos, que según Cornely, tendrían que ver con una organización totémica de los diaguitas.

Los jarros *pato* (Fig. 25), otro tipo que pertenece a lo más

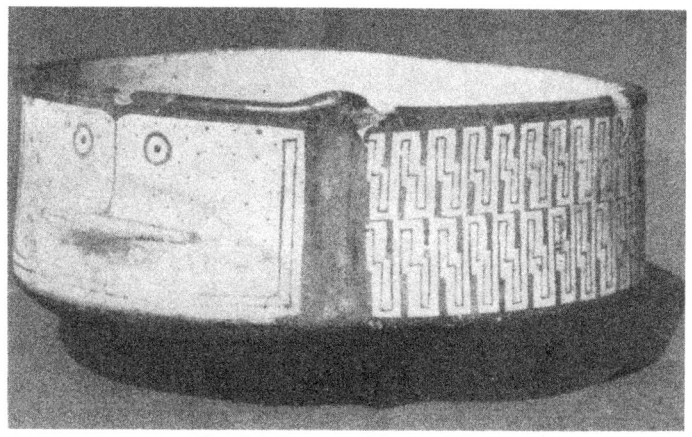

Fig. 24. Diaguita III: escudilla.

101

hermoso de la cultura diaguita, también están relacionados con la organización social de estos habitantes prehistóricos de los valles transversales. En los grandes cementerios, como el de Compañía Baja, cerca de La Serena, por ejemplo, las sepulturas están dispuestas en grupos y en cada uno aparece un solo jarro pato diferente en sus detalles. La forma general es de cuerpo ovoide, del cual se desprende en un extremo una cabeza humana con los rasgos modelados y en el otro un gollete, ambos comunicados por un asa levemente arqueada. Parece que representan a un jefe o a un personaje importante, lo que se insinúa también en la rica vestimenta en que se reconoce claramente el escote en forma de v con faja transversal, del mismo tipo que aún se usa en los ponchos araucanos. Los finos ornamentos geométricos que cubren el cuerpo del vaso representan probablemente motivos tejidos.

Al lado de esta cerámica decorada y de uso ceremonial

Fig. 25. Diaguita III: jarro pato.

se encuentra alfarería doméstica en forma de ollas y jarros. Un desarrollo interesante se nota en el jarro zapato que aparece en la primera fase diaguita y sigue a través de todo su desarrollo: al cuerpo asimétrico de este recipiente se han añadido a veces alitas y una cola rudimentaria, que lo asemeja a un ave que nada. Otra línea de desarrollo de la misma forma representa una cara humana en el cuello, brazos en relieve y a veces indicaciones de otros rasgos corporales.

En las tumbas de este periodo se han encontrado objetos de metal, en general, de cobre o bronce: pinzas para depilar, cuchillos, hachas, cinceles, aros, anzuelos, agujas, pequeñas campanitas y unas escasas manoplas. El uso de oro y plata está restringido a ocasionales aros.

En la medida en que se halla conservada, llama la atención la escultura en hueso. Existen cucharas y espátulas, decoradas con la figura de un ser humano, vestido de túnica, faja ancha y gorro de dos puntos —el mismo que está indicado en la cerámica— y frecuentemente tocando una flauta de pan. A veces este personaje es representado junto a un felino o el felino aparece solo. Todos éstos son motivos característicos para el complejo del rapé en las provincias del Norte Grande y se supone que las tabletas y tubos de madera han desaparecido por la humedad. También existen fusayolas de hueso o piedra que representan seres humanos contrapuestos a manera de figuras de naipe.

La cultura diaguita parece haberse encontrado en pleno apogeo cuando se produjo la expansión del imperio incaico hacia el sur. Sus influencias se notan en la cerámica: las escudillas se tornan campanuliformes, muchas veces lucen fondo blanco y son decoradas con motivos negros; los jarros pato tienen cuerpo de cilindro achatado, igualmente con preponderancia de fondo blanco; entre los motivos diaguitas se mezclan elementos incásicos y, a su vez, las formas típicamente incásicas, como los aríbalos, adquieren caracteres distintos y lucen motivos diaguitas. En el arte, a lo menos, se ha logrado una profunda compenetración de ambas culturas.

Para la cultura diaguita se posee la fecha de 905 ± 95 d.C., correspondiente a la fase de Las Ánimas. Ella hizo su aparición en los valles transversales con posterioridad a la cultura de El Molle, probablemente en la segunda mitad del primer milenio d.C. alcanzando la supremacía hasta el momento –mitad del siglo XV d.C.– en que fue dominada por los Incas.

2.3. Chile central

En la zona central de Chile, al sur de los valles transversales, los primeros pueblos agroalfareros fueron los portadores de la cultura de El Molle. Sus restos se encuentran en los conchales inmediatamente encima de los de pescadores o cazadores-recolectores. En la costa sus huellas se ubican preferentemente sobre las terrazas marinas bajas –aunque existen también en las altas– cerca de las desembocaduras y valles de los ríos Aconcagua, Maipo, Mapocho, Rapel y Maule.

Ellos estaban firmemente establecidos en Chile central, alrededor de 400 d.C. como lo comprueban los hallazgos en el Cajón del Maipo, mencionados más adelante y en varios otros sitios. Vestigios anteriores de contactos directos o indirectos datan ya del 2º y 3º siglo d.C. En las dos capas superiores de los conchales de Las Ventanas (sitio de Alacranes) separadas de las anteriores por una delgada capa sin material cultural, lo que indica que ya los pescadores habían abandonado el sitio, se han encontrado fragmentos de cerámica, pipas de dos tubos y otros evidentes indicios de la presencia de la cultura de El Molle[68].

En las playas de Quivolgo, en la ribera norte de la desembocadura del río Maule, existen númerosos vestigios que hablan en favor de una densa población prehispánica y entre ellos muchos restos de la cultura El Molle, en forma de tembetás, pipas de dos brazos, cerámica negra pulida, etc.[68] En Santiago durante trabajos de excavación en calle Bandera se encontraron a 2 m de profundidad algunos restos de entierros molloides, separados por 1,2 m de otros que indican influencias incásicas. En el interior de la Quinta Normal se descubrió a 2,3 m de profundidad un sitio habitacional con fogones. Piedras horadadas, fragmentos de pipas y tembetás, que no dejan lugar a dudas de su ocupación por gente que por lo menos había estado en contacto con los portadores de la cultura de El Molle. Y en el interior del Cajon del Maipo, en Los Chacayes, se excavó parte de un cementerio y adyacente sitio habitacional, que rindió material perteneciente a la segunda fase de la misma cultura (Molle avanzado)[70].

Entre los restos encontrados en las capas superiores o en la superficie de los conchales existen también fragmentos de alfarería diaguita. Debido a la carencia de fechas, no podemos referir algo sobre el momento de su aparición en Chile

[68] J. E. Silva: "Investigaciones Arqueológicas en la costa central de Chile", en *Arqueología de Chile Central y Áreas Vecinas, óp. cit.* R. Stehberg y A. Pinto: "Ocupaciones alfareras tempranas en Quebrada El Salitral del Cordón de Chacabuco". Un fechado radiocarbónico.

[69] O. Ortiz: "Sitios arqueológicos en la Costa de la provincia de Maule". *Antropología* N° 1, U. de Chile, Santiago, 1963.

[70] G. Mostny: "Hallazgo arqueológico en el centro de Santiago", *Noticiario mensual* VIII, N° 84, Santiago, 1963.

R. Stehberg: *Un sitio habitacional alfarero temprano en el interior de la Quinta Normal, Santiago, Chile,* Edición de Homenaje al P. Gustavo Le Paige, Universidad del Norte, Antofagasta, 1976.

Ídem. El cementerio alfarero temprano de Chacayes, Chile, trabajo presentado al IV Congreso Nacional de Arqueología Argentina, San Rafael, Mendoza, mayo de 1976.

central, pero siendo los trozos en su gran mayoría del tipo Diaguita III y muchas veces asociados con restos incásicos, se supone que la influencia diaguita en Chile Central fue más bien tardía, inmediatamente anterior o contemporánea a la llegada de los Incas.

Es típico para la zona central de Chile una cerámica de superficie de color anaranjado o salmón con decoración pintada en negro. Se ha hallado concentrada en la región entre los ríos Aconcagua y Maule y es designada con el nombre complejo Aconcagua[71]. Los recipientes tienen forma de escudillas semiesféricas, jarros y botellas. En el exterior de las escudillas está pintado un motivo llamado *trinacrio* o *trisquelion*[72], que consiste en un círculo central del cual salen tres brazos en líneas quebradas paralelas hacia el borde, donde terminan en un cuadrado o rectángulo negro (Fig. 26). Este motivo es tanto más curioso porque se encuentra no sólo en Chile central, sino también en la alfarería del noroeste argentino y en la del suroeste de Estados Unidos, sin que se sepa de conexiones entre estas tres áreas.

Aparte del trinacrio, los motivos que se aplican sobre esta alfarería de fondo claro consisten en "nidos" de triángulos, rombos, ángulos abiertos y líneas paralelas, triángulos con "pestañas " y rellenados con líneas paralelas pintadas en negro o rojo oscuro en fajas horizontales sobre las superficies de color rojizo o naranja amarillento de jarros y escudillas. En estas últimas los motivos están muchas veces arreglados de tal

---

[71] ELIANA DURÁN y MAURICIO MASSONE: "Hacia una definición del complejo cultural Aconcagua y sus tipos cerámicos", en *Actas del 7° Congreso de Arqueología de Chile*, 1977, vol. I, pp. 243-245, Ed. Kultrún, Santiago, 1979.

[72] R. LATCHAM: *Alfarería indígena de Chile*, Santiago, 1928; A. OYARZÚN: "El trinacrio", *Revista Chilena de Historia y Geografía*, año 2, N° 5, Santiago, 1912.

Fig. 26. Escudilla con trinacrio.

manera que forman una cruz o una estrella. Al sur del río Cachapoal las escudillas se hacen menos hondas y desaparecen poco a poco los ceramios decorados en rojo blanco-negro y los motivos que acusan influencia diaguita. Ésta llega más al sur únicamente en forma del jarro-pato, que ha tomado características propias y no es ya más que un lejano recuerdo de esa hermosa cerámica de los valles transversales.

Cerámica del complejo Aconcagua se encuentra en los yacimientos arqueológicos encima de la cerámica monocroma de tipo molloide[73]. Se supone que se desarrolló en un periodo inmediatamente anterior al incaico siguiendo en uso durante este último. Cabe recordar que, también en el norte de Chile, un estilo negro-sobrerrojo antecedió al incaico.

La forma de sepultura típica para la región de Chile central

---

[73] Rubén Stehberg y Keith Fox: "Excavaciones arqueológicas en el alero rocoso de Los Llanos. Interior del Arrayán. Prov. Santiago". En *Actas del 7° Congreso de Arqueología de Chile*, 1977, vol. I, pp. 217-241. Ed. Kultrún, Santiago, 1979.

era la de túmulos, llamados popularmente ancuviñas. Tenían un diámetro que variaba entre 8 y 15 m y una altura de 1 a 3 m, habiendo sido originariamente quizás menos extensos y más altos. En cuanto a la colocación de los entierros en ellos, existen variaciones: algunos se encuentran sobre el nivel original del suelo, rodeados de un marco de piedra rodada o de una pirca baja; otros están protegidos por cistas de piedras lajas; en otras la sepultura era una excavación en el suelo virgen debajo del túmulo, en su centro por los lados. Los esqueletos estaban tendidos de espalda o de lado, aunque también se han encontrado de bruces, algunos sin cráneo o con el cráneo separado del cuerpo. Con ellos fue sepultado su ajuar, consistente en la cerámica descrita, más ollas y recipientes de uso doméstico, ennegrecidos por el hollín, algunas puntas de flechas, raspadores y cuchillos. Cementerios de este tipo se han encontrado en todo Chile central: Ocoa, Piguchén, Tiltil, Rautén, Chacabuco, San Felipe (Bellavista), Cauquenes, Llampa son algunos de los sitios. El número de túmulos variaba según la densidad de la población, desde unos cuantos hasta cerca de un centenar en Tiltil. En este último sitio Latcham[74] ubicó dos cementerios: uno, "El Algarrobal" de 21 túmulos, y el otro el "Cementerio del Monumento" –por encontrarse el monumento a Manuel Rodríguez emplazado en este sitio– de 94 túmulos. Allí observó que la tierra de los túmulos era diferente a la del suelo en el que estaban erigidos y tenía que haber sido acarreada desde el estero, que se encuentra a algunos centenares de metros del sitio. La inclusión de fragmentos de cerámica en diferentes niveles, como asimismo la irregularidad de los entierros –pues en

---

[74] R. LATCHAM: "Excavaciones arqueológicas de Tiltil", *Rev. de Educación Publica Año I*, N° I, Santiago, 1928. Hace varios años que el sitio ha sido aplanado, por lo cual ha desaparecido todo vestigio de los túmulos.

la mayoría había varios en cada túmulo– le lleva a pensar que se trataba de tumbas de familia. La ausencia de restos culturales incaicos habla en favor de la idea de que ellas son anteriores a la ocupación por parte de aquel imperio.

Las investigaciones realizadas en los últimos años en Chile Central han permitido fijar cronológicamente el principio del complejo Aconcagua anterior a la ocupación incaica, sin perjuicio de la posterior coexistencia de ambas culturas. En términos absolutos, se desarrolla alrededor de 1.000 d.C.

2.4. La Araucanía

La prehistoria de la Araucanía también es insuficientemente conocida. Un esbozo de su desarrollo ha sido elaborado por O. Menghin[75], tanto para el periodo preagroalfarero como para el agroalfarero. Este último él lo subdivide en paleoarau-cano y neoaraucano. El paleoaraucano abarca el desarrollo cultural anterior a la conquista europea; el neoaraucano, des-de la llegada de los conquistadores hasta tiempos recientes.

Uno de los orígenes y vinculaciones posibles de esta cultura debe buscarse en las regiones situadas al norte de la Araucanía y quizás en el complejo cultural de Tirúa (Arau-co) donde hubo un cementerio de túmulos que contenían sepulturas en forma de cistas de piedra de 1,3 a 1,6 m de largo. Aunque los esqueletos han desaparecido, salvo algunos fragmentos de huesos largos, se puede deducir que habían sido enterrados en posición algo encogida. La alfarería acom-pañante consistía en jarros y escudillas de tipo doméstico o decoradas; estas últimas presentaban una superficie enlucida

---

[75] O. Menghin: *Estudios de Prehistoria Araucana*, Acta Prehistórica III/IV, Buenos Aires, 1959-60.

de blanco, y en su interior los motivos aparecen distribuidos en forma de estrella. En los jarros, la decoración aparece dispuesta en bandas horizontales. Los dibujos son de color rojo y de forma geométrica, con predominio de líneas e hileras de ángulos y triángulos dominando, en estos últimos, rellenos de líneas paralelas a uno de sus lados. Esta cerámica carece en absoluto de influencia incaica. Cementerios de este mismo tipo han sido encontrados en Ñielol, Cholchol, Traiguén, Quepe y en otros lugares de la Araucanía.

Relacionado con el complejo cultural de Tirúa parece estar el de Vergel, cuyo sitio-tipo se encuentra cerca de Angol[76] en su fase temprana (Vergel I). Allí, en un cementerio descubierto en el fundo del mismo nombre, se encontraron sepulturas en urnas (Fig. 27) que tenían entre 40 y 65 cm de altura; sin embargo, algunas llegan hasta 90 cm. Todas son de boca y cuello ancho, que se abre paulatinamente para formar un cuerpo globular para luego estrecharse nuevamente hacia una base cónica o redondeada; llevan dos asas algo más arriba de la mitad del recipiente. Son de factura tosca y color rojo o negruzco, aunque hay unos pocos ejemplares enlucidos de rojo y una, excepcional, cubierta de engobe blanco, sobre el cual se han ejecutado dibujos geométricos y antropomorfos en color rojo. Las urnas estaban cubiertas por otro recipiente de forma y técnica parecida aunque más bajo, que hacía las veces de tapa. En ellas aparecen osamentas tanto de niños como de adultos, junto con sus ajuares funerarios. En algunas este ajuar consistía en cerámica de fondo blanco con decoración lineal roja, a veces de formas asimétricas, parecidas a los jarro-pato de más al norte y sin ningún rasgo que acusara

---

[76] D. BULLOCK: "Urnas funerarias prehistóricas de la región de Angol", *Boletín del Museo Nacional de Historia Natural*, t. 26, Santiago, 1956.

Fig. 27. El Vergel: urna funeraria con su descubridor, Dillman S.Bullock.

influencia incásica. En otras sepulturas, en cambio, se encontraban dentro de las urnas ceramios con motivos incásicos, por lo cual son consideradas como pertenecientes a la fase de Vergel II y al periodo neoaraucano de la posconquista, ya que los incas nunca lograron incorporar esta región a su imperio; sus influencias han llegado a ella sólo con la conquista española, a través de los indios del norte que acompañaban a los conquistadores.

Entre las piezas halladas en el mismo sitio se encuentran dos estatuillas de piedra[77] de 42 y 44 cm de alto. Una de ellas tiene dos cabezas (Fig. 28). Otra, parecida, de una cabeza, procede de la cordillera de la Costa. Por desconocerse su contexto cultural y las circunstancias del hallazgo no es posible pronunciarse acerca de su edad y origen.

El Vergelense está presente en las provincias de Biobío, Malleco y Cautín; el Tiruanense, en cambio, es característico para las provincias de Concepción, Arauco, Ñuble y Malleco, y coincide con las áreas de distribución sólo parcialmente. Este hecho, junto con semejanzas en la decoración de los ceramios, habla en favor de la coetaneidad de ambos complejos, probablemente en la primera mitad del siglo xv.

Un complejo cultural del paleoaraucano, más antiguo que el de Tirúa, es el de Pitrén (Fig. 29). Se conoce hasta ahora solamente en las provincias de Valdivia y Cautín; su sitio-tipo es un cementerio en Pitrén, entre el lago Calafquén y el rio Hanehue en la provincia de Valdivia. Lo único que quedaba de las sepulturas eran grupos de ceramios, que indicaban el sitio de los entierros.

Según la descripción que da a la cerámica su descubridor, el

---

[77] D. BULLOCK: "Dos estatuas de piedra de Angol", *Revista Chilena de Historia,* año 40, Santiago, 1936.

Fig. 28. El Vergel: estatua bicéfala.

profesor O. Menghin, "se trata de un estilo cerámico bastante evolucionado, aunque con ciertos rasgos arcaicos. Todos los vasos están cubiertos por un lavable barniz negro sobre fondo rojo liso, que reaparece cuando el barniz ha sido atacado por la humedad. Hay algunos vasos con decoraciones negras sobre rojo, cuyos motivos, siempre geométricos, son difíciles de

113

Fig. 29. Cerámica de tipo pitrén (Colección Mayo Calvo de Guzmán).

descifrar por la destrucción acaecida; solamente en un caso se conservaron algo mejor". En el caso citado por el prof. Menghin, se trata de la técnica de pintura negativa, es decir, el dibujo es formado por el fondo trasluciente del vaso y no por el pigmento aplicado. Se observa gran variedad en la forma de los recipientes: todos, con excepción de una escudilla de borde encogido y fondo plano, tienen pequeñas asas en la mitad del cuello. Entre el material más interesante hay vasos asimétricos: uno, con el asa bifurcada que sale de "dos curiosas corcovas huecas con decoración en forma de cabeza de perro o zorro" (Menghin). Este último rasgo se encuentra también en la cerámica de la Candelaria en el noroeste argentino; por otros rasgos, las protuberancias perforadas que hacen el papel de asa se relacionan con la cerámica negra pulida que se conoce del Norte Grande. La pintura negativa se encuentra en la cerámica de El Molle de los valles transversales. Ya nos hemos referido a las posibles conexiones entre estas culturas y la existencia de un amplio horizonte que las abarca a todas. Habría que ver en el estilo de Pitrén su última estribación hacia el sur. En cuanto a la edad del Pitrenense,

Menghin lo ubica antes de 1.400 d.C. y lo considera la manifestación agroalfarera más temprana en la Araucanía.

La época neoaraucana está representada ante todo por el complejo Valdiviense, con sus tres fases: Huanehue, Calle-Calle y Huitag. Las tres tienen en común la cerámica llamada de Valdivia, caracterizada por su fondo enlucido de blanco con aplicación de motivos geométricos y rectilíneos de color rojo (Fig. 30). Las formas son, en general, jarros de cuerpo globular con cuello recto o cánico y asa que une la boca del recipiente con la parte superior del cuerpo. Con frecuencia aparece entre los motivos uno que es muy típico en la cerámica incásica: dos triángulos unidos por su vértice, parecidos a un reloj de arena o a una mariposa (de ahí el nombre griego del motivo *clepsidra*). En el cementerio, a orillas del río Huanehue, esta cerámica de Valdivia fue asociada con alfarería negra (con el mismo barniz negro sobre la superficie roja como en Pitrén) y alfarería roja pulida, que acusa formas de ánforas y jarros. Una cerámica valdiviense

Fig. 30. Cerámica de Valdivia.

blanca con decoración roja o negra, además una cerámica negra, bien alisada, en forma de botellas y jarros, algunos de los cuales con incrustaciones de pequeños trocitos de loza blanca de procedencia europea, en bordes y asas, fueron encontrados en un cementerio en Calle-Calle, a 20 km de la ciudad de Valdivia. Finalmente pertenece al periodo valdiviense la fase de Huitag (o Huitrag), pequeña aldea al norte del lago Calafquén, en la cual las influencias europeas son más pronunciadas que en las dos anteriores, tanto en la forma de la cerámica, el mayor número de ejemplares con incrustaciones de loza blanca europea, en la existencia de fierro (la aguja de un *topu* o prendedor de cobre) en las tumbas y la conservación de un trozo de madera, que perteneció a un ataúd o canoa[78]. Pertenece a esta fase un nuevo tipo de cerámica, de fondo rojo y decoración pintada de blanco, que afecta forma de escudillas y motivos ornamentales geométricos y estrelliformes.

La cerámica procedente de Lanco, en la provincia de Valdivia y de Pucopío en la provincia de Osorno, parece corresponder a la última fase neoaraucana, más reciente que el Valdiviense. Consiste de recipientes engobados y pulidos de color rojo en forma de jarros de cuerpo globular y cuello recto; a veces el asa tiene dos pequeñas protuberancias en su parte más alta. Otra forma son escudillas, tazas con un asa y formas asimétricas, tales como jarros pato de cerámica negra pulida. La mayoría de las formas, al igual que el tratamiento

---

[78] La costumbre de sepultar en troncos ahuecados, que se parecen a las canoas monóxilas, usados por los araucanos históricos, parece ser bastante reciente y posiblemente es una imitación de los ataúdes de madera usados por los europeos. Entierros en los cuales se encuentran restos de ellos no pueden tener mucha antigüedad, ya que la excesiva humedad del suelo destruye rápidamente todos los restos vegetales.

de la superficie de algunos ejemplares que parece casi vitrificada, acusa la influencia siempre creciente de formas y técnicas europeas; no obstante se conservan, paralelamente, formas prehispánicas como el jarro pato, y sigue usándose, aunque en menor escala, la cerámica del tipo de Valdivia.

Según Menghin, que elaboró este esquema cultural y cronológico de modo tentativo, el Pitrenense, con que se inició el periodo paleoaraucano, habría alcanzado su culminación en el siglo XIV. El Tiruanense, que presenta el desarrollo cultural siguiente, contemporáneo con el Vergelense I, habría florecido en la primera mitad del siglo XV; el neoaraucano, con el Vergelense II y el Valdiviense entre 1.550 y 1.750 d.C. habría terminado con el Pucopiense en la segunda mitad del siglo XVIII.

Faltan en la Araucanía excavaciones en yacimientos estratificados, donde el hombre prehistórico mismo depositó sus restos culturales en orden cronológico. En la cueva Los Catalanes[79] en la provincia de Malleco, el material recuperado de cuatro capas de depósitos arqueológicos es pobre y poco indicativo: las dos superiores pertenecen claramente a tiempos coloniales, las dos inferiores parecen ser depósitos de tiempos paleoaraucanos; en la capa de fondo se han encontrado fragmentos de dos pipas de greda de dos tubos. En un cementerio en Gorbea (provincia de Cautín)[80] se observó una superposición de tumbas, la mayoría de las cuales pertenece al neoaraucano, probablemente a sus finales.

Esta falta de trabajos sistemáticos de campo no permi-

---

[79] B. BERDICHEWSKY: "Excavaciones en la cueva Los Catalanes (Malleco)", *Boletín de Prehistoria*, Universidad de Chile, año I, N° 1, Santiago, 1968.

[80] Excavaciones a cargo de A. Gordon y colaboradores (Museo Nacional de Historia Natural).

te la ubicación cronológica y cultural de las insignias líticas que se han encontrado en la región araucana y en la región central de Chile, y algunos pocos ejemplares en los valles transversales[81]. Un tipo muy característico es el de las clavas insignias, hechas de piedra pulida, que consisten en una especie de mango coronado por una cabeza que insinúa un ave estilizada –clavas ornitomorfas o cefalomorfas (Fig. 31) y con menor frecuencia un felino (clavas zoomorfas) con un largo que oscila entre 18 y 24 cm. Objetos parecidos se conocen bajo el nombre de *mere okewa* en Nueva Zelanda y otras islas polinésicas y parecen haber llegado a la costa occidental sudamericana desde el este a través del Pacífico, donde adquieren formas nuevas como las zoomorfas, que parecen ser

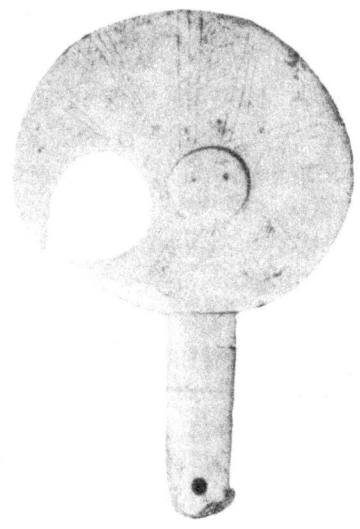

Fig. 31. Clava cefalomorfa.

[81] J. Schobinger: *Las clavas insignia de Chile y Argentina*, Runa VII, 2ª parte, Buenos Aires, 1966.

un desarrollo exclusivamente americano llegando a ser luego una insignia, que se llevaba suspendida del mango. No se sabe cuándo llegaron ni su verdadero significado. La concentración de los hallazgos en la zona araucana —tanto en los lados chileno como argentino— hace pensar en un impacto primario en la costa de esta región. En cuanto a su edad, parecen haber sido más antiguos que los *toqui*, ya que los cronistas no hacen referencia a las clavas insignia cuando describen a los araucanos de los tiempos de la Conquista.

El *toqui*, que no debe confundirse con los objetos anteriores, es un hacha de piedra pulida, de forma trapezoidal o triangular; cuando está provista de un agujero, probablemente sirvió de hacha-insignia de un cacique o caudillo de guerra, que a su vez fue designado con el nombre de *toqui*. Esta voz es usada tanto en la Araucanía como en la Polinesia con el mismo sentido —hacha y jefe— mientras que las clavas insignia cefalomorfas son designadas en el área pacífica como *mere okewa*, y no se conoce el nombre que recibieron en la Araucanía.

Esto nos lleva a la cuestión del origen de los araucanos, discutido desde principios del presente siglo. Latcham[82] visualiza una primera ocupación de la zona por pescadores en la costa y cazadores en el interior, superpuesta más tarde por una capa de agroalfareros venidos desde Chile central, desarrollándose una cultura más o menos homogénea en la región entre el río Itata y el golfo de Reloncaví. En cierto momento —probablemente en el siglo XIV— llegó del este un pueblo de cazadores nómades, a los cuales llama *moluche* ("gente de guerra") que ocupó las tierras entre Itata y Toltén, desplazando parcialmente a los habitantes anteriores hacia el norte y

[82] R. LATCHAM: *Prehistoria Chilena*, Santiago, 1928.

hacia el sur y amalgamándose con los restantes para formar una nueva entidad étnica, que se autodenominó *mapuche*, es decir, "gente del lugar", y que designó a los demás como *picunche* o "gente del norte" y *huilliche* o "gente del sur" según su ubicación geográfica con respeto a ellos mismos. Esta teoría de R. Latcham ha sido muy discutida desde que la dio a conocer. Tomás Guevara[83], otro conocedor profundo de la región araucana, niega terminantemente la intervención de un elemento transandino en la formación del pueblo araucano. Otros investigadores insisten en la participación de elementos transpacíficos y Menghin se pronuncia en favor de influencias llegadas desde la hoya amazónica como responsables del génesis araucano. En base a las investigaciones de los últimos años surge un cuadro nuevo, como respuesta a la pregunta sobre el origen araucano: parece que las primeras manifestaciones agroalfareras estaban en íntimo contacto con los acontecimientos de los valles transversales, con la cultura de El Molle y, a través de ella, con las culturas tempranas del noroeste argentino, que se manifiestan en el complejo cultural del Pitrenense y en las capas inferiores de la cueva Los Catalanes. Rasgos culturales posteriores aparecen en la cerámica de Tirúa y en Vergel I, vinculados posiblemente con las culturas de Chile central. El desarrollo final, contemporáneo ya con la conquista española —el neoaraucano— incorpora influencias incásicas y europeas a la vez: se manifiestan, primero, en el Valdiviense y en sus derivados, después.

Los problemas de la prehistoria de la Araucanía están todavía lejos de ser resueltos.

[83] T. Guevara: *Historia de Chile*, vol. I, Santiago, 1929.

En todo el territorio que había sido ocupado por indígenas ellos han dejado testimonio gráfico de su vida y cultura en forma de pictografías rupestres. Se encuentran sobre paredes rocosas, bloques de piedra, en el interior de cuevas y cubriendo laderas enteras de cerros o extensiones planas en los desiertos. El tamaño de los signos individuales varía desde pocos centímetros a varios metros; existen aislados y en grupos. Los motivos son geométricos –círculos, triángulos, líneas paralelas y quebradas– o naturalistas, representando hombres, animales y plantas.

Según la técnica empleada en su realización se distinguen *petroglifos*, pictografías rupestres grabadas o incisas en superficies rocosas, sea acantilados o bloques sueltos. Se llaman *pinturas rupestres* cuando son pintados muchas veces en varios colores, entre los cuales el rojo, negro y blanco son los más frecuentes, aunque no faltan el amarillo, verde y azul. Éstas se encuentran, preferentemente, en cuevas o abrigos rocosos, protegidos de la intemperie. A veces se combinan las dos técnicas grabándose los contornos de la figura y llenándolos, enseguida, con pintura; hablamos entonces de *petroglifos pintados*. Completamente diferente es el procedimiento para crear *geoglifos*. Éstos son siempre de grandes dimensiones –en la quebrada de Guatacondo existen figuras de estrellas de más de 10 m de diámetro– y para hacerlas hubo que limpiar el suelo de una capa de piedrecillas negruzcas para que resaltaran los motivos en el color claro de la tierra gredosa. Cuando este procedimiento no era factible se producían los dibujos mediante el alineamiento de piedras de otro color. Así se procedió en Alto Ramírez, cerca de Arica. Otro nombre con el cual los geoglifos son conocidos es el de *pintados*[84].

---

[84] C. Mostny: "Pictografías rupestres", *Noticiario Mensual*, N° 94, Santiago, 1964.

Las pictografías rupestres datan de todos los periodos de la prehistoria chilena y se encuentran en todo el territorio, sin que, por lo general, se les pueda asignar una determinada edad, salvo indirectamente. Así, se supone que los negativos de manos pintadas –que se obtenían apoyando la mano en la pared pétrea y pintando alrededor de ella– pertenecen a manifestaciones artísticas muy antiguas de la humanidad; se conocen desde el Paleolítico superior en el Viejo Mundo y se han encontrado también en la Patagonia[85]. Su significado debe buscarse probablemente en las creencias religiosas y mágicas de aquella gente.

Un tema que se encuentra representado a lo largo de todo Chile es la caza. Escenas de caza existen desde la Patagonia hasta el Norte Grande. Su estilo va desde un naturalismo sorprendente, como en Taira, en el valle del río Loa, hasta figuras semiestilizadas, pero siempre claramente reconocibles y llenas de movimiento, como en el alero de Ayquina, y más allá, produciendo meros símbolos, reconocibles sólo para el conocedor, como sucede con representaciones del cóndor en Tamentica en la quebrada de Guatacondo. Existen también escenas de bailes, de pastoreo, de hombres viajando con llamas cargadas y escenas de sacrificios. La mayoría de ellas y de las imágenes representadas tenían probablemente un sentido profundo, que hoy se nos escapa, y que tenía sus raíces en un mundo mítico. En muchos sitios las imágenes han sido grabadas y pintadas a través de varias épocas, unas al lado de otras o con líneas superpuestas y por eso difíciles de separar y reconocer. El estudio y la interpretación de las pictografías rupestres en su totalidad es un trabajo aún inconcluso.

[85] O. MENGHIN: *Estilos de Arte rupestre de Patagonia*, Acta Prehistórica I, Buenos Aires, 1957.

La Conquista

3.1. Los incas en Chile

Alrededor de 1200 d.C. se instaló en la región del Cuzco en Perú el pueblo de los incas con su dinastía. A través de trece monarcas, iba a crear uno de los imperios más potentes de América, causando profunda admiración a los conquistadores europeos que lograron conocerlo en todo su esplendor[86].

El primer monarca, Manco Capac, era un personaje se-mimitológico. La leyenda cuenta que al final de su vida se transformó en piedra, por lo cual las piedras fueron objeto de veneración y culto. De sus sucesores, los incas Sinchi Roca, Lloque Yupanqui, Mayta Capac, Capac Yupanqui, Inca Roca, Yaguar Huacac, Viracocha Inca, se sabe poco, y sólo a partir del noveno inca, Pachacuti Inca Yupanqui, comienzan las figuras de los gobernantes reales que iban a destacarse con más claridad y a cobrar personalidad histórica. El inca Pachacuti asumió el poder en 1.438 d.C. y reinó hasta 1471. A partir de 1463, junto con su hijo y sucesor Topa Inca Yupanqui, inició la expansión de su imperio subyugando las tierras al norte de Cusco hasta Quito. Topa Inca se dirigió después hacia el sur llegando con sus conquistas hasta el río Maule.

La conquista de Chile se efectuó cruzando las provincias de Lipes y Atacama, sin encontrar dificultades mayores para subyugar a los pueblos que habitaban el Norte Grande. El valle de Copiapó se entregó después de una breve resisten-

---

[86] John Rowe: "Inca Culture at the Time of the Spanish Conquest", *Handbook of Southamerican Indians*, vol. II, Washington, 1946.

cia, cediendo finalmente a la persuasión de los emisarios incásicos y a la oportuna llegada de tropas de refuerzo del Cusco. Tampoco se sabe de luchas serias por la conquista de los valles de Coquimbo hasta el río Maule. Entre este río y el Biobío las huestes incásicas encontraron la resistencia vigorosa de los habitantes de la región y, según cuenta Garcilaso de la Vega[87] en los *Comentarios Reales*, después de una batalla que duró cuatro días, los incas se retiraron a la ribera norte del río Maule, donde fortificaron la frontera sur de su imperio. A la muerte de Topa Inca su sucesor, Huayna Capac, undécimo inca reinante, prefirió dirigir su atención a las provincias septentrionales del imperio. Antes de su muerte, acaecida en 1527 en Quito, le habían llegado noticias del desembarco de los conquistadores europeos en Túmbez. Huayna Capac fue el último monarca de la totalidad del imperio. Al sobrevenirle la muerte repentina, no alcanzó a designar a su sucesor y dos de sus hijos rivalizaron por el poder; Huáscar fue coronado en Cusco, mientras que Atahualpa se apoderaba de Quito. Durante cinco años el imperio fue convulsionado por la guerra civil, hasta que en 1532 Atahualpa, ayudado por los españoles, eliminó a Huáscar, suerte que más tarde compartió con el hermano traicionado.

Cuando los españoles dirigidos por Almagro llegaron al valle de Quillota o Chile, en 1536, las guarniciones incásicas ya habían abandonado el país a consecuencia de la guerra civil y la reciente conquista española del imperio; sólo quedaban las colonias de *mitimaes* o *mitmacona* que habían sido radicados en el territorio por los incas. Entre ellos había gru-

---

[87] INCA GARCILASO DE LA VEGA: *Comentarios Reales de los Incas*, Emecé, Buenos Aires, 1945.

pos oriundos de Arequipa, que fueron asentados en el valle de Aconcagua y tal vez otros, Lupacas, de la región del lago Titicaca[88].

El nombre oficial del imperio incásico era *Tawantinsuyu* (Cuatro Provincias) y se extendía desde el río Ancasmayo en el Ecuador hasta el río Maule; Chile formaba parte del Collasuyu[89]. A la cabeza de cada provincia estaba un gobernador imperial o *apo*, con residencia en el Cuzco, que era un pariente cercano del inca reinante. Bajo sus órdenes se encontraban los *curaca* (a veces llamados "caciques" por los españoles), quienes eran responsables de 100–10.000 hombres. Este cargo era hereditario y muchas veces entre ellos figuraban jefes de los pueblos conquistados. Los curacas a su vez nombraban funcionarios responsables de grupos de 10 a 50 tributarios. Los centros administtativos incásicos coincidían, en general, con las poblaciones principales de los conquistados, en las cuales se edificaban las casas de los gobernadores y los templos del sol. Se introdujo entonces en Chile el uso de adobe para construcciones.

Para mantener los contactos entre las provincias y la capital se construyó un extenso sistema de caminos ("caminos reales" o "caminos del inca"). Parece que muchos de ellos eran ampliaciones de caminos ya existentes. Las vías principales partían de la plaza del Cusco hacia los cuatro puntos cardinales, las Cuatro Provincias. Según su importancia eran

[88] Felipe Huamán Poma de Ayala: *Nueva Crónica y Buen Gobierno*, París, 1963.

[89] Las otras tres provincias eran el Chinchasuyu en el norponiente, que incluía el norte y centro de Perú y Ecuador; el Cuntisuyu en el surponiente hasta Ica y Moquegua en el sur del Perú; el Antisuyu, al este de la cordillera de los Andes. El Collasuyu era la región más extensa e incluía toda la parte austral del imperio (altiplano boliviano, Argentina y Chile).

calzadas anchas, pavimentadas, acompañadas por muros, con acequias de aguas y árboles para la sombra. Así, a lo menos, las describen los cronistas. En Chile estos caminos eran mucho menos pretenciosos. En general, se limitaban a estar despejados de piedras y se distinguían por su trazado recto, sin obedecer a los accidentes geográficos tales como cerros o quebradas. Hubo dos vías paralelas, una a lo largo de la costa y otra por la cordillera interconectadas por caminos transversales. A distancia de un día de marcha (seis leguas según los cronistas) se encontraban tambos y tambillos, sitios donde los viajeros conseguían albergue y provisiones para ellos y sus tropas de llamas. Los caminos eran básicos para el servicio de correos de los chasquis y se cuenta que el inca podía servirse en el Cusco pescado fresco del Pacífico gracias a la eficiencia del servicio. Estos caminos y sus comodidades fueron aprovechados por los españoles en los tiempos posteriores, y en el mapa de América del Sur de Cano y Olmedilla de 1775[90] se puede todavía seguir su trazado en gran parte. Aún quedan restos de ellos en diferentes parajes de Chile: parece que uno de ellos bordeaba la ribera occidental del salar de Ascotán, pasando por el cerro Miño, por la aguada y pampa de Ujina, por el cerro Pabellón del Inca, por la laguna del Huasco, siguiendo entre los cerros Piga, Lupe Grande y Lupe Chico hacia Zavalla, luego a San Pedro de Atacama y Tambillos, bordeando el salar de Atacama hasta llegar al pueblo de Peine, último lugar de abastecimiento antes de cruzar el "Gran Despoblado" hasta Copiapó. Según los cronistas, llegaba hasta Talca[91].

Una rama transversal pasaba al lado del pucará de Turi

[90] Mapoteca José Toribio Medina.
[91] G. Mostny: "Ciudades Atacameñas", *Boletín del Museo Nacional de Historia Natural*, t. 24, Santiago, 1948.

(prov. de Antofagasta). Su parte alta fue aparentemente despejada de toda construcción y se edificó en su lugar –directamente accesible desde el camino– un gran edificio de adobe con tres entradas y techo de dos aguas, que hasta hoy lleva el nombre de *casa del inca*, y que probablemente era la sede de un curaca incásico. Algunos kilómetros al norte de San Pedro de Atacama, sobre la terraza oriental que flanquea el río, se encuentra el tambo de Catarpe: tres grandes patios rodeados de piezas para alojar acogían a hombres y animales. La mantención de caminos y tambos estaba a cargo de la población de las cercanías. Los incas también se vieron en la necesidad de fortificar puntos estratégicos; restos de una de estas fortalezas aún se pueden ver en el cerro Chena (Santiago) y otras partes. El pucará de Chena consiste en varios recintos rectangulares de piedra en la cumbre del cerro, rodeados por dos grandes muros defensivos[91a].

Los grandes caminos eran elementos unificadores del extenso imperio, que corría desde los 3° Lat. N. hasta los 35° Lat. Sur. Otro elemento unificador fue el uso obligatorio del quichua como idioma oficial, lo que favoreció grandemente la conquista de los españoles, que no tuvieron que aprender las lenguas de los demás pueblos conquistados, limitándose sólo al uso de intérpretes. Por esto, el "cacán" que hablaban los habitantes de los valles transversales desapareció, dejando sólo algunos nombres propios. Lo mismo ocurrió con el "kunza" que se hablaba en el interior de la provincia de Antofagasta, del cual poseemos sólo conocimientos rudimentarios. Sólo el mapudungún ha llegado hasta nosotros como lengua viva, pues entre los mapuches y los europeos no mediaban los incas.

[91a] R. Stehberg: *La fortaleza de Chena y su relación con la ocupación incaica en Chile Central*, Publicación Ocasional, N° 23, Museo Nacional de Historia Natural, Santiago, 1976.

Los incas exigieron en las regiones conquistadas la adopción del culto oficial al Sol, pues ellos, los reyes, se reconocían como sus hijos, pero no insistieron en abolir los cultos anteriores.

La forma preferida de adorar al Sol era en santuarios situados en altas cumbres, donde se recibían sus primeros rayos. Las altas montañas eran consideradas por los incas como lugares sagrados y los cronistas enumeran largas listas de *huacas* que fueron veneradas. En un gran número de ellas se ha podido comprobar la existencia de lugares de culto y restos arqueológicos[92]. Entre ellos se encuentra el cerro El Plomo (5.430 m) que domina el valle de Santiago y en cuya cumbre se encontró en 1954 el cuerpo congelado de un niño, que entro a la historia arqueológica como "la momia del cerro El Plomo" (Lám.VI)[93].

A 5.400 m de altura se han encontrado tres recintos rectangulares, construidos de piedra y en el mayor de ellos (7 x 3,5 m) se encontró enterrado en el piso el cuerpo congelado de un niño de aproximadamente 9 años; estaba sentado y vestía una túnica de lana negra con aplicaciones de franjas de piel blanca, una manta de lana gris con borde rojo, un llautu[94] en la cabeza y sobre él un tocado de flecos de lana negra con un penacho de plumas de cóndor en la

---

[92] M. FANTÍN: "Místicos escaladores de cumbres excelsas", *Revista del Club Andino Mercedario*, N° 5, San Juan, 1970. Véase la larga lista de altas cumbres donde se han hecho descubrimientos arqueológicos.

L. KRAHL y O. GONZÁLEZ: "Expediciones y hallazgos en la alta cordillera de Coquimbo (cerros Tórtola y Doña Ana) 1956-1958", *Anales de Arqueología y Etnología*, Universidad Nacional de Cuyo, t. 21, Mendoza, 1966.

Todo este tomo esta dedicado a la arqueología de alta montaña.

[93] G. MOSTNY (ed.): "La Momia del Cerro El Plomo", *Boletín del Museo Nacional de Historia Natural*, t. 27, N° 1, Santiago, 1957.

frente. Del fiador del llautu colgaba un adorno de plata en forma de medialuna doble; de plata era también un ancho brazalete que tenía en el brazo derecho. Calzaba mocasines de cuero. El pelo, que le llega más abajo de los hombros, está arreglado en más de 200 trencitas finas y la cara embadurnada con pintura roja con listas diagonales amarillas. Llevaba una bolsa para hojas de coca y estaba acompañado de cinco pequeñas bolsitas hechas de intestino de animal que contenían motas de pelo, dientes de leche y recortes de uñas. Otra bolsa, enteramente recamada de plumas blancas y rojas, llena de hojas de coca, completaba su ajuar. Se halló una figurita de plata sepultada aparte, vestida a la usanza de las mujeres incásicas (Lám. VII); otra figurita de llama, fabricada de una aleación de oro y plata y una tercera esculpida de un trozo de concha de pectén tropical. 200 m más abajo del enterratorio se encuentra otra construcción, de planta elíptica, que suele ser designada *el altar* por arrieros y andinistas, y, en efecto, era esto, o mejor dicho, un antiguo santuario. Los ejes mayores del enterratorio del niño y del altar tienen la misma orientación, hacia el punto donde el sol sale el día de solsticio de verano. Se sabe que en este día se celebraba la fiesta principal de los incas, el Capac Raymi o Año Nuevo, en honor del Sol, y para ocasiones especialmente solemnes se le ofrecía el sacrificio de un niño. Sin duda alguna, el niño sepultado en el cerro El Plomo ha sido un sacrificio; podemos imaginar que fue llevado allí en una solemne procesión, y embriagado con chicha, para morir después congelado antes de que la tumba se cerra-

---

[94] El *llautu* consiste en un largo cordel de lana negra, que da varias vueltas por la cabeza y es rematado en un fiador. Era distintivo y privilegio de los súbditos incásicos.

ra sobre él. Los sacrificios humanos, no obstante, fueron escasos en tiempos incásicos. En general se ofrecían a las huacas sustitutos en forma de figuritas de metal o conchas preciosas, tejidos finos y animales. Los santuarios de altura, que se encuentran cerca de las cumbres de las montañas más altas, entre 5 y 6.000 m, tienen en común los enterratorios rituales −en general tres−, los templos, una pequeña laguna cercana, preferentemente que no se congela a esas alturas, fardos de madera, que servían para dar señales de fuego o humo y gran cantidad de trozos de cerámica de estilo incásico, restos de antiguas ceremonias. Una situación análoga se observó en los cerros Tórtola y Doña Ana, que dominan el valle de Elqui. Se encontraron figuritas de sexo masculino de concha, ricamente ataviadas, pero faltaba el sacrificio humano. También en las cumbres del Licancabur, del Llullayllaco y otras del extremo norte de Chile han quedado santuarios parecidos.

Las influencias de los incas se encuentran por donde han pasado, especialmente en la cerámica, se trate de piezas directamente importadas del Cusco (que se designan como inca imperial) o hechas en las provincias subyugadas (la cerámica inca regional), que acusa influencias de los estilos regionales contemporáneos. Son inconfundibles las formas de aríbalo (Fig. 32), recipientes de largo cuello esbelto, ancho labio y cuerpo globular de fondo cónico, pequeños jarros de un asa, igualmente de cuerpo abultado y fondo plano, pequeñas escudillas planas con un asa y a veces con una cabeza ornitomorfa en el borde, todos decorados con rojo, blanco y negro y ollas de pedestal. En el valle de Santiago se han encontrado varios cementerios que datan de esta época y que se caracterizan por bóvedas subterráneas, accesibles por un corto túnel, el cual, una vez realizado el entierro, se rellenaba con tierra[95].

Fig. 32. Cerámica incaica regional.

En un cementerio descubierto en la calle Marcoleta (Santiago) se encontraron, entre la tierra de relleno, cráneos de carneros, seguro indicio de que los indios sepultados allí eran contemporáneos de los conquistadores españoles. En el cementerio de La Reina faltan los elementos europeos.

La invasión y ocupación incásica en Chile fue relativamente corta. No duró más que unos 70 años en el Norte Grande y quizás sólo unos 30 en Chile central, al norte del Maule. En ese momento se produjo la invasión y ocupación de los españoles, que puso fin a la prehistoria chilena.

[95] G. MOSTNY: "Un cementerio incásico en Chile central", *Boletín del Museo Nacional de Historia Natural*, t. 23, Santiago, 1947.

3.2. Los españoles

Cuando Almagro llegó al valle de Quillota en 1536 ya no encontró ocupación militar incásica, sino solamente los grupos de mitimaes que habían sido radicados allí por los incas. Los españoles aprovecharon la extensa red caminera y se sirvieron de intérpretes quichuas. Así pudieron extender sus conquistas hasta el río Maule sin mayores tropiezos ni obstáculos por parte de la población indígena, que ya estaba acostumbrada a un amo extranjero. Las dificultades empezaron allí, donde los incas habían terminado de conquistar, en el territorio araucano. Por esto podían decir que la conquista de la Araucanía les había costado más sangre y más dinero que la conquista de toda América.

Las noticias que han dejado los primeros cronistas españoles al internarse en tierras chilenas son escasas. Venían del Cusco y allí se habían asombrado ante una civilización altamente desarrollada, que no habían soñado encontrar. En su marcha hacia el sur entraron en contacto con lo que hoy es nuestra República de Chile, por el desierto de Atacama. En tanto que su enemigo mayor en el Perú era la población del país, en el desierto de Atacama lo era la naturaleza misma que quería aniquilarlos. Por eso sus crónicas apenas mencionan a los indios de la región, y todo su interés se concentra en las dificultades geográficas y en los peligros y penurias a que estaban expuestos.

Los españoles iban en pos de riquezas, especialmente de oro, y los incas habían sabido despertar su codicia; hasta les ayudaban con tropas de indios y un hermano del inca reinante —reinante gracias a Pizarro— y un alto sacerdote acompañaron a Almagro. Salieron el invierno de 1535 del Cusco, no por el camino de la costa, como les había aconsejado el inca, sino por el interior del desierto, cruzando la cordillera con grandes pérdidas de tropas y animales.

Los pobladores de Copiapó ya sabían del arribo de los ejércitos españoles, porque, con anterioridad, habían llegado tres soldados extraviados en una comisión que les había llevado a Tupiza (Bolivia) y de allí a Copiapó. Ellos fueron al principio bien recibidos por los curacas, pero posteriormente se les dio muerte. Cuando llegó Almagro los jefes indios le entregaron una cantidad de oro, pero él, al tener noticias del asesinato de los tres soldados y darse cuenta de un intento de rebelión, ordenó la muerte por el fuego de los curacas de Huasco y de Copiapó, a quienes había llevado en calidad de rehenes, junto con otros treinta indios implicados en la muerte de los tres españoles.

A medida que avanzaba hacia el sur se daba cuenta que las riquezas del país no eran tales como los incas le habían querido hacer creer. No obstante, siguió adelante y al llegar al río Claro se enfrentó con un ejército de indios, los *promaucaes* ("gente sublevada"), que le causaron graves pérdidas. Sólo entonces decidió volver al Cusco y, esta vez, siguiendo el consejo de los incas, tomando el camino de la costa. Sabido es que en Cusco fue asesinado por orden de Pizarro, su ex compañero de armas.

La fama del oro chileno no permitió que la conquista terminara allí. Pedro de Valdivia fue encargado de realizarla y salió de Cusco a principios de 1540, habiendo hecho antes un voto de dedicar la primera Iglesia que edificara a la Virgen de Asunción y la primera ciudad que fundara al apóstol Santiago; cumplió con ambos votos.

Nuevamente un ejército español cruzó el desierto de Atacama, sufriendo las mismas penurias que el anterior hasta llegar a Copiapó. Allí su recepcion fue diferente a la preparada a Almagro. Los indios se habían retirado y Valdivia encontró el lugar abandonado. Por algunos prisioneros que pudo tomar supo que los habitantes estaban reunidos en consejo para deliberar si era más conveniente recibir a los españoles como amigos o declararles la guerra. Se decidieron por lo primero y al día siguiente vinieron tres emisarios, con cintas azules amarradas en sus flechas en señal de paz. Canjearon obsequios, ofreciendo los españoles cuentas de vidrio y abalorios y los indios granos de oro y trozos de malaquita, que los españoles tomaron equivocadamente por turquesas.

El próximo encuentro tuvo lugar en Huasco, donde Valdivia se enfrentó con Marcadei, nieto de aquel curaca que había sido quemado vivo por Almagro. En su marcha hacia el sur gozó en Yerbabuena de la hospitalidad del curaca Huelquemilla y finalmente llegó a Copiapó.

Al cruzar el río Choapa tuvo que darse cuenta de un cambio en la actitud de los nativos de la región que atravesaba. Ya no se le brindaba la hospitalidad a la cual estaba acostumbrado sino, por el contrario, los pobladores se retiraban a la llegada de los conquistadores. Finalmente supo que los habitantes del valle de Chile —hoy valle de Aconcagua— estaban preparándose para ofrecerle resistencia. Valdivia invitó al cacique Michimalonco a rendirse, pero la respuesta fue una batalla, en la cual los indios aparecieron ataviados con plumas y armados con flechas, hondas y mazas. La superioridad de las armas españolas decidió esta batalla y muchas otras por venir.

Pedro de Valdivia resolvió entonces quedarse en las llanuras del río Mapocho y fortificó un pequeño cerro entre dos brazos del río, en el territorio del cacique Huelén. Hizo llamar a los caciques de las tierras vecinas para reunirse con él en consejo y acudieron el cacique Gualaguala del curso superior del Mapocho, Yncageruloneo de los cerros de Apochame, Millacura del río Maipo y otros más. Había pasado un año desde su salida del Cusco. Valdivia recibió a los jefes indios con todo el esplendor que pudo desplegar y ellos aparecieron con tocados de plumas y ramos de canelos. Después de tratar de impresionarlos, en un largo discurso, con todos los poderes reales y eclesiásticos de España, propuso al cacique Huelén el canje de su terreno por tierras ocupadas por mitimaes cerca de Talagante. Obligadamente los caciques aceptaron y Pedro de Valdivia en persona erigió una cruz en la cumbre del cerro para la iglesia prometida a la Virgen de Asunción y fundó al pie de aquél la primera ciudad, dedicada al apóstol Santiago, tal como lo había prometido en votos solemnes. Era el 12 de febrero de 1541.

Mientras se trabajaba afanosamente en la construcción de Santiago, Pizarro cayó asesinado por el hijo de Almagro que vengaba a su padre. La noticia, que llegó en 7 días desde Atacama a Santiago, fue la señal para un levantamiento general de los indígenas —incitados por el cacique de Atacama—, y el incendio de Santiago. Desde entonces las hostilidades no cesaron más y recrudecieron cuando Pedro de Valdivia y su lugarteniente Villagra tuvieron que viajar a Cusco.

El avance hacia el sur se retardó debido a un accidente sufrido por Valdivia a su regreso del Perú y solamente en 1550 pudo seguir adelante y cruzar el rio Biobío. Allí empezó una guerra sin cuartel. Los araucanos, unidos bajo el mando del toqui Aillavilu, primero, y Lincoyán, después, trataron de impedir el paso de los españoles. Un ejército de cuncos esperaba en la ribera del río Calle-Calle (Valdivia). El viejo cacique Colo-Colo llamó a la resistencia; Pedro de Valdivia fue hecho prisionero y muerto.

Cuando toda la Araucanía parecía perdida para los españoles, vino en su ayuda un aliado inesperado: una epidemia de viruela diezmó las huestes araucanas. Pasados los efectos de la epidemia, las hostilidades continuaron con suerte variable hasta casi fines del siglo XIX, cuando los chilenos lograron pacificar definitivamente la tierra indómita.

No obstante todas las dificultades, los españoles siguieron adelante en pos del oro soñado. Así llegaron en 1567 a Chiloé, por primera vez, donde se encontraron con los indios chonos. Siguieron más al sur porque en la costa cerca del estrecho de Magallanes "había provincias ricas de oro" como dijo Pedro Marino de Lovera. En sus recorridos conocieron a las tribus que ocupaban estos parajes y dejaron descripciones de las costumbres y modos de vivir de sus habitantes.

La sed de oro motivó los descubrimientos de los españoles; en este sentido quedaron defraudados, pero descubrieron otras riquezas más valiosas y más duraderas:

"Porque esta tierra es tal que para poder vivir en ella y perpetuarse no la hay mejor en el mundo, dígolo porque es muy llana, sanísima, de mucho contento; tiene cuatro meses de invierno, no más que en ellos, sino es cuando hace cuarto la Luna que llueve un día o dos, todos los demás hacen tan lindos soles, que no hay para qué llegarse al fuego. El verano es tan templado, y corren tan deleitosos aires, que todo el día se puede el hombre andar al Sol, que no le es importuno. Es la más abundante de pastos y sementeras, y para darse todo género de ganado y plantas que se puede pintar: mucha y muy linda madera para hacer casas, infinidad otra de leña para el servicio dellas, y las minas riquísimas de oro, y toda la tierra está llena dello, y donde que quisieran sacarlo allí hallarán en qué sembrar, y con qué edificar, y agua, leña y yerba para sus ganados, que parece la creó Dios a posta para poderlo tener a la mano".

Así lo escribió don Pedro de Valdivia a su Majestad Católica, don Carlos V de España[96].

[96] *Cartas de Don Pedro de Valdivia al Emperador Carlos V.* Colección de Historiadores de Chile, t. I, Santiago, 1861.

4

Prehistoria ¿para qué?

La prehistoria podría definirse como aquella parte de la historia que, en lugar de servirse de documentos escritos en pergaminos, tablillas o piedras, usa objetos tales como herramientas, cerámica, esculturas, símbolos pictóricos, restos óseos, etc., para descifrar el pasado humano. Sus resultados se basan indirectamente en la información que se obtiene a través del estudio de tales elementos sobre el desarrollo del hombre y de su sociedad. Para lograr un máximo de conocimientos debe procederse de manera precisa, para lo cual se han elaborado métodos científicos. Todos los detalles deben ser observados durante el proceso de una excavación arqueológica, aunque en el momento de su ejecución no parezcan importantes. Nunca se sabe de antemano si al excavar el arqueólogo un cementerio, un conchal o una cueva con depósitos culturales no está destruyendo algo que después resulta ser la clave que podría explicar rasgos importantes del quehacer cultural. En el momento de excavar el arqueólogo destruye para siempre las evidencias, no quedando más que lo que ha apuntado en su libreta de campo. Ésta es la tragedia de la arqueología y no existe arqueólogo que no la haya experimentado alguna vez en sus propios trabajos. Un hecho mal observado, un vacío en sus notas, puede privarlo del conocimiento de fases o aspectos importantes en su labor de dilucidar la historia no escrita del pasado.

Los objetos mismos son sólo un puente para llegar al conocimiento, tal como el pergamino en última instancia es sólo una muleta en el proceso de desentrañar la vida cultural.

La última finalidad de la prehistoria es la reconstrucción de la vida en el pasado lejano de la humanidad. Y la vida es cambio constante, revolución continua, impulsada por el anhelo de progresar y mejorar las condiciones en que se desenvuelve la existencia.

La prehistoria, igual que la historia, tiene dos dimensiones: la vertical y la horizontal. La vertical representa el cambio a través del tiempo. Poco a poco, a medida que en un conchal se separa una capa de la próxima, se notan cambios en las formas de los objetos y en el contexto; estamos en presencia de las fases de una tradición cultural, que anhela perfeccionarse. Nuevos objetos y nuevas formas significan influencias llegadas de otra parte, obtenidas por los medios pacíficos del trueque, del préstamo cultural (difusión) o impuestas a la fuerza por la conquista. Una capa estéril, en medio de las que incluyen restos culturales, significa el abandono del sitio durante algún tiempo y, muchas veces, lo que sigue después de ella es fundamentalmente distinto a lo anterior. A través de estos cambios en el contenido de los yacimientos estratificados se ha podido establecer la secuencia de periodos culturales. Ellos son una verdadera cronología depositada por el hombre prehistórico, por lo cual se encuentran las manifestaciones culturales más antiguas en su fondo, y las más nuevas cerca de su superficie. La dimensión horizontal nos informa sobre la extensión espacial de una cultura. Yacimientos arqueológicos que contienen material parecido han sido dejados por grupos humanos pertenecientes a una misma cultura. A veces estos rasgos unen a pueblos dispersos sobre grandes áreas geográficas y entonces hablamos de horizontes culturales.

A través de los objetos no sólo es posible reconstruir la cultura material de un pueblo, sino también su cultura espiritual y su estado social. El área reducida de los conchales o de los campamentos de cazadores implica la existencia de grupos o bandas pequeñas, compuestas de sólo unas pocas familias, unidas por circunstancias ecológicas infranqueables para su estado cultural sencillo. Los pueblos agroalfareros, en cambio, con su dominio de técnicas más avanzadas, pueden formar grupos mayores, dentro de los cuales se desarrolla una cohesión más fuerte, que permite vencer desafíos ecológicos mediante obras culturales –obras de riego, por ejemplo– y que les permite sobrevivir en mejor forma. Nacen entonces aldeas que albergan centenares y hasta varios miles de personas. La banda se ha transformado en tribu. Sus actividades básicas de sustento son la agricultura y la ganadería, en tanto que la caza y la pesca sirven sólo de suplemento a las actividades ya mencionadas. El estadio ulterior, la formación de ciudades, reinos y estados, no alcanzó a producirse entre los indios de Chile. En sus aldeas no regía un sistema de división del trabajo, salvo por sexos, y el gobierno se efectuaba mediante un "consejo de mayores", para usar un término empleado todavía para las reuniones de jefes de familias en pueblos aislados del desierto de Atacama[97].

Las ruinas de los pueblos prehispánicos en Chile carecen de construcciones de carácter sagrado reconocibles como tales. En esto se diferencian de los pueblos mesoamericanos y andinos (Perú, Bolivia) que se aglomeraron alrededor de sus templos. No obstante, quedan testigos de su vida espiritual y de sus creencias[98]. Una de las ideas religiosas básicas de sus habitantes era la creencia en la continuación de la vida de ultratumba y la necesidad de proveer a los muertos de todo lo

---

[97] G. Mostny y Colb: *Peine, un pueblo atacameño*, Santiago, 1954.

[98] *Ídem*: "Ideas mágico-religiosas de los antiguos atacamas", *Boletín del Museo Nacional de Historia Natural*, t. 30, Santiago, 1967.

necesario para asegurar su futuro bienestar, incluyendo a veces a miembros de la familia. Por esta razón los cementerios de los pueblos agroalfareros contenían un abundante ajuar funerario, en el cual se refleja la posición social del difunto y de su familia. Entre los pueblos preagroalfareros las condiciones parecen haber sido diferentes, pues el ajuar es escaso o completamente ausente. A través de las sepulturas —especialmente en el Norte Grande, donde el clima seco conserva hasta los materiales más perecederos— ha sido posible reconstituir un cuadro sociorreligioso bastante detallado.

Ideas mágico-religiosas de los agricultores se manifiestan en objetos de piedras rodadas de forma aproximadamente cilíndrica con una especie de cuello que los divide en dos partes desiguales; su tamaño fluctúa entre 48 y 16 cm y a veces tienen una cara esbozada en su parte superior. La población actual los llama *santos de los antiguos* y estaban colocados en los maizales para asegurar su fertilidad. También los cerros han tenido mucha importancia en la vida religiosa de los agricultores prehispánicos ya anteriores a los incas; en el Norte Grande eran considerados —junto con las nubes— los dadores de agua, elemento de vida más indispensable en aquellas regiones desérticas. Aunque los santuarios de altura, en general, acusan influencia incásica, es probable que, ya con anterioridad, hayan existido sitios sagrados en aquellas cumbres. El culto y la veneración de las altas montañas y de las vertientes sigue todavía vivo entre los pueblos apartados del gran desierto del norte.

Otro complejo mágico-religioso gira alrededor de la figura del felino. Se trata sin duda alguna de una creencia común a los pueblos de América Nuclear, pues se encuentra en toda la zona comprendida entre México y Chile. Su existencia se manifiesta a través de tabletas y tubos para aspirar rapé

140

(Lám. IV), máscaras de felinos (Lám. VIII)[99] y pictografías rupestres, que presentan escenas de sacrificios humanos (Fig. 33). Las tabletas para rapé son pequeños recipientes de madera, o a veces de piedra, generalmente rectangulares, que están adornados en un extremo con figuras esculpidas que representan felinos, hombres u hombres con cabezas de felinos. Van acompañados por tubos que lucen en su parte central los mismos motivos; cuando está representado un personaje de cuerpo humano y cabeza felina, tiene en su mano derecha un hacha y en la izquierda una cabeza cortada, indicio de sacrificios humanos. A raíz de una escena representada en las picto-

Fig. 33. Sacrificio humano.

[99] G. Mostny: "Mascaras, tubos y tabletas para rapé y cabezas trofeos entre los atacameños", *óp. cit.*

grafías rupestres de Angostura, en el valle del río Loa, se puede deducir que un ser humano, ricamente ataviado con un tocado especial, fue sacrificado por un oficiante –sacerdote o chamán– quien, mediante una máscara de felino, representaba a este Dios durante ciertas ceremonias, a las cuales asistían acólitos, ataviados con lo que parecen ser pieles de felino. Es posible que se tratara de miembros de sociedades secretas, que –después de las ceremonias de iniciación que desconocemos por completo– tenían derecho al uso de esta parafernalia que incluía también las tabletas y tubos para rapé. La sustancia misma que se inhalaba es desconocida. Se supone que puede haberse tratado de semillas molidas de una especie de acacia que producen al aspirarla estados psíquicos alterados[100]. El sitio donde se encuentran las pictografías descritas ha sido un sitio de culto[101]. Otro santuario, esta vez dedicado al cóndor, se encuentra en la quebrada de Guatacondo[102] en el pequeño oasis de Tamentica. Allí, en lugar del hombre-puma, aparece el hombre-cóndor (véase la cubierta) y el cóndor es la figura principal en los petroglifos. Las pinturas rupestres en Taira (río Loa) parecen estar vinculadas con la magia de la caza, ya que, ante todo, representan escenas de caza de guanacos. Un sitio de culto que está vinculado con la cultura de El Molle se encuentra en el valle de El Encanto, cerca de Ovalle[103].

[100] R. Latcham: *Arqueología de la región atacameña*, Santiago, 1938; H. Wassen y B. Holmstedt: "The Use of Paricá, an Ethnological and Pharmacological Review", *Ethnos I*, Estocolmo, 1963.

[101] G. Mostny: *Los petroglifos de Angostura*, Zeitschrizt. Ethnologie, Bd. 89, Heft, I, Braunschweig, 1964.

[102] *Ídem:* "La subárea arqueológica de Guatacondo", *Boletín del Museo Nacional de Historia Natural*, t. 29, N° 16, Santiago, 1970.

[103] M. Rivera y C. Ampuero: "Excavaciones en la quebrada El Encanto, Departamento de Ovalle", *Arqueología de Chile Central y Áreas Vecinas*, Santiago, 1964.

Mientras que para el Norte Grande son relativamente abundantes los restos arqueológicos para reconstruir a lo menos en parte las creencias religiosas de los pueblos prehistóricos, nuestros conocimientos de ellas son escasos o nulos a medida que avanzamos hacia el sur. No obstante la abundancia de pictografías rupestres, falta su interpretación y, sólo para los araucanos, vuelven a aparecer testimonios más abundantes, por lo menos para la época de sus contactos con los españoles, en los escritos de los cronistas[104].

La prehistoria termina para nosotros en el momento en que los pueblos indígenas son descubiertos y descritos por los conquistadores europeos. Para los indígenas mismos, esta linea divisoria carece de importancia. Aunque el impacto fue tremendo, seguían viviendo a su modo, incorporando poco a poco elementos nuevos, consciente e inconscientemente por su propia voluntad o por imposición de sus nuevos amos. Sin embargo, hasta ahora los pequeños pueblos aislados del Norte Grande siguen construyendo sus casas en el mismo estilo como lo hicieron más de mil años atrás, cultivan las mismas tierras en forma de terrazas a la manera de sus antepasados, pastorean sus manadas de llamas —a las cuales han incorporado las ovejas— y, junto a las fiestas cristianas, celebran todavía sus fiestas tradicionales que tienen sus raíces más allá del imperio incásico. En aquellas regiones donde los conquistadores antiguos o modernos se radicaron y reclamaron para sí las tierras, la vida indígena ha cesado rápidamente. En los valles transversales, en el valle central, más tarde en la Araucanía y finalmente en el extremo sur, han tenido que ceder al impacto de la tecnología superior de la cultura occidental.

[104] R. LATCHAM: *Organización Social y Creencias Religiosas de los Antiguos Araucanos,* Publicaciones del Museo de Antropología y Etnología de Chile, vol. 3, Santiago, 1923.

Con excepción de la Araucanía, donde un pueblo valiente ha opuesto resistencia y reclamado su derecho a la vida, los antiguos forjadores de la prehistoria chilena han desaparecido para siempre.

Algunas fechas importantes de la Prehistoria Chilena

Años antes y después de Cristo	Culturas y áreas prehistóricas	Fechas C-14 "antes del presente"
9.430 a.C.	Primera ocupación humana en Tagua-Tagua (Chile central). Cazadores paleoamericanos de fauna pleistocénica.	11.380 ± 320 a.p.
8.760 a.C.	Primera ocupación humana en la cueva de Fell (extremo sur). Cazadores paleoamericanos de fauna pleistocénica.	10.760 ± 300 a.p.
7.730 a.C.	Primera ocupación humana en la costa nortina (quebrada Las Conchas, Antofagasta). Litos geométricos del tipo Huentelauquén.	9.680 ± 160 a.p.
7.640 a.C.	Primera ocupación humana en Marassi, Tierra del Fuego (extremo sur).	9.590 ± 210 a.p.
6.500 a.C. (aprox.)	Primera ocupación en Englefield, región de fiordos interiores (extremo sur). Cazadores.	9.248 ± 1.500 a.p. 8.456 ± 1.500 a.p.
5.900 a.C.	Existencia de maíz en Tilivche (Pampa del Tamarugal, Tarapacá).	7.850 ± 280 a.p.
4.760 a.C.	Aragón I, sitio preagroalfarero (Pampa del Tamarugal, Tarapacá).	6.710 ± 230 a.p.
4.220 a.C.	Primera ocupación Quiani, Arica (Norte Grande). Pescadores con cultura del *anzuelo de concha*.	6.170 ± 200 a.p.
4.165 a.C.	Tagua-Tagua II (Chile central). Cazadores-recolectores.	6.115 ± 150 a.p.
4.080 a.C.	Caserones I, quebrada de Tarapacá (Norte Grande); nivel más antiguo de cazadores.	6.030 ± 270 a.p.
3.666 a.C.	Quiani II, Arica (Norte Grande). Segundo periodo preagroalfarero.	5.610 ± 145 a.p.

AÑOS ANTES Y DESPUÉS DE CRISTO	CULTURAS Y ÁREAS PREHISTÓRICAS	FECHAS C-14 "ANTES DEL PRESENTE"
3.270 a.C.	Pisagua Viejo (Norte Grande). Segundo perio-do preagroalfarero; complejo de Chinchorro.	5.220 ± 170 A.P.
2.750 a.C.	San Pedro Viejo de Pirhasca (Ovalle); maíz y frejoles.	4.700 ± 80 A.P.
1.810 a.C.	Guanaqueros, prov. de Coquimbo (valles trans-versales); nivel más antiguo de pescadores.	3.760 ± 110 A.P.
1.790 a.C.	Conanoxa I, quebrada de Camarones (Norte Grande), nivel preagroalfarero más antiguo.	3.740 ± 130 A.P.
320 a.C.	Conanoxa II (Norte Grande), periodo agroalfa-rero temprano; complejo Faldas del Morro.	2.270 ± 70 A.P.
60 d.C.	Guatacondo, aldea G-I (Norte Grande); pe-riodo agroalfarero temprano; complejo Faldas del Morro.	1.890 ± 90 A.P.
245 d.C.	Tilgo (prov. de Coquimbo), cultura El Molle, cerámica negra pulida incisa.	1.705 ± 95 A.P.
265 d.C.	San Pedro de Atacama II (Norte Grande); periodo agroalfarero temprano.	1.700 ± 150 A.P.
290 d.C.	Caserones, aldea (Norte Grande), periodo agro-alfarero temprano, complejo Faldas del Morro.	1.660 ± 90 A.P.
310 d.C.	El Durazno, prov. de Coquimbo (valles transversales), periodo agroalfarero temprano, complejo El Molle Incipiente.	1.640 ± 80 A.P.
905 d.C.	Primera fase de Las ánimas, cult. diaguita (La Serena).	1.045 ± 95 A.P.
990 d.C.	María Pinto, Chile central. Complejo Acon-cagua.	960 ± 80 A.P.
1.200 d.C.	San Miguel, Arica (Norte Grande), periodo agroalfarero tardío.	810 ± 80 A.P. 580 ± 80 A.P.
1.280 d.C.	Padre Las Casas (Temuco); sepultura doble en canoa y urna★.	670 ± 80 A.P.

• El colaborador científico del Museo Nacional de Historia Natural, don Américo Gordon, me proporcionó esta fecha, que es de importancia especial por tratarse de la primera datación de la zona araucana y por las implicaciones que tendrá en nuestra apreciación de la prehistoria de esa región.

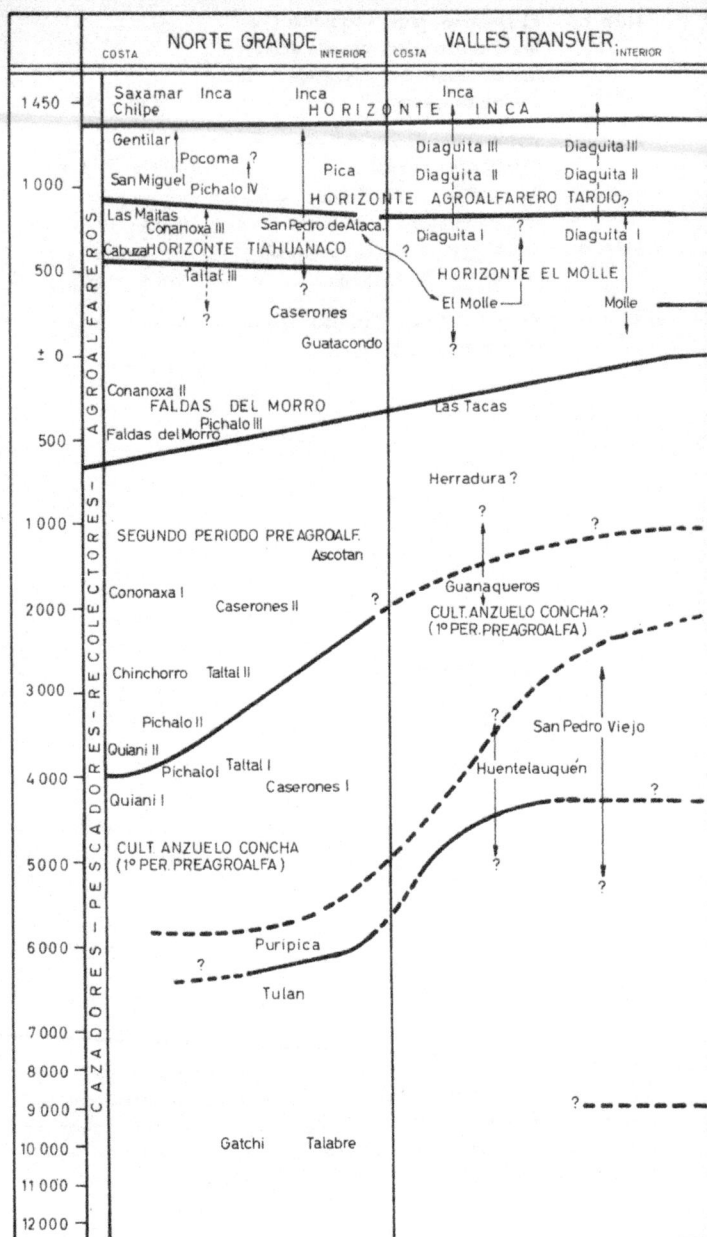

ZONA CENTRAL	ARAUCANIA	EXTREMO SUR

Inca

NEOARAUCANO Vergel II

Tirúa

PALEOARAUCANO Pitrén Vergel I

Aconcagua Salmón

Yamanas-Alakaluf. Ona-Tehuel.

Talcahuano

?

Conchales

HORIZONTE AYAM PITIN
Tagua-Tagua II

Ponsonby

?

Englefield

?

Marassi   C. Fell

Palli Aike

?   ?

HORIZONTE PALEOAMERICANO
Tagua-Tagua I

Made in the USA
Monee, IL
07 July 2026